가족의 말하기

이은아·심선민 공저

가족의 말하기

발행일 2023년 3월 7일

지은이 이은아, 심선민
펴낸이 손형국
펴낸곳 (주)북랩
편집인 선일영 편집 정두철, 배진용, 윤용민, 김부경, 김다빈
디자인 이현수, 김민하, 김영주, 안유경, 신혜림 제작 박기성, 황동현, 구성우, 배상진
마케팅 김회란, 박진관
출판등록 2004. 12. 1(제2012-000051호)
주소 서울특별시 금천구 가산디지털 1로 168, 우림라이온스밸리 B동 B113~114호, C동 B101호
홈페이지 www.book.co.kr
전화번호 (02)2026-5777 팩스 (02)3159-9637

ISBN 979-11-6836-758-6 03370 (종이책) 979-11-6836-759-3 05370 (전자책)

부모와 자녀 사이

진솔한 대화의 힘

가족의 말하기

이은아·심선민 공저

엄마와 아들이 함께 써 내려간 우리 가족 소통 길라잡이

북랩

엄마와 아들, 글을 쓰다

■ 엄마의 이야기

어렵게 운을 떼었다. 처음 아이들과 있었던 사례들을 엮어 책을 써보라고 권하신 분은 천안의 모 대학 청소년학과 교수님이셨다. 한참을 고민하고 고민하기를 반복하다 펜을 들었지만 어떻게 써야 할지 막막했다. 어디서부터 어떻게 시작해야 할지 몇 장 쓰다가 멈추고 머뭇거리기를 반복하고 있었다.

그러던 어느 날 나를 바라보던 아들이 왜 그러냐고 물어 왔다. 그래서 이 글을 쓰려는 의도를 말했더니 좋은 생각이라고 응원해 주었다. 그러나 다시 멈추었다. 한편으로는 이 책이 세상에 나왔을 때 타인들의 반응이 두렵기도 했다.

청소년학이나 심리학을 전공한 것도 아니고 당신이 무엇을 안다고 이런 글을 썼느냐고 따져 물으면 딱히 할 말이 떠오르지도 않고 두려운 생각에 나는 다시 아들에게 고민을 털어놓았다.

나의 고민을 듣던 아들이 제안했다. 엄마, 그럼 우리 함께 써보면 어때요? 함께 경험했던 것들을 엄마가 먼저 쓰고, 그 뒤를 이어 내가 쓰고. 그렇게 쓰면 어때요? 한다. 그래! 그러면 좋겠다! 그렇게 용기를 얻어 이 글을 쓸 수 있었다.

다양한 환경의 청소년들을 만났던 29년이 넘는 시간, 기억 속에 남아 있는 이야기들, 자식을 낳아 키우면서 경험했던 것들, 그리고 내가 자랄 때 부모님에게서 배운 다양한 경험들과 이야기들을 종이에 연필로 정리하며 다시 뒤돌아보는 동안 과거의 아이들이 떠올랐다.

나는 아이들과 그저 누나, 언니, 엄마의 마음으로 이야기를 들어주고, 서로 입장을 바꿔 생각하게 하는 방법과 긍정적으로 행동하는 것으로 풀어나갔다는 것을 알았다.

나는 늘 아이들에게 "너희들은 나의 미래다" 말해주고, 너는 소중한 존재라는 것을 늘 상기시켜주었다. 그리고 너의 인생이란 무대에 조연이 아닌 주인공으로 살아가라 말해주었다.

이 책은 아이가 읽고 엄마에게, 또는 부모님이 읽고 아이에게 전해주는 그런 책이 되었으면 한다. 서로를 이해하고 품어주는 책이 되길 바란다.

2023년 3월

이은아

■ 아들의 이야기

엄마는 내 기억 속에서 항상 누군가를 가르치고 있는 사람이었다. 학교가 끝나고 바로 앞에 있던 공방으로 책가방을 달랑이며 뛰어올 때도, 머리를 짧게 깎은 채 교복을 입고 다닐 때도, 공방 일을 처음 도우며 홍타령 행사장에서 함께 있을 때도, 2015년 공방을 법인으로 바꿔 사회적기업으로 첫발을 내딛었을 때도 항상 그녀는 사람들과 함께 있었다.

그들은 교복을 껄렁하게 입고 담배 냄새를 풍기는, 키가 큰 학생들이기도 했고 옆집 아주머니 같은 사람들일 때도 있었다. 엄마는 그들과 항상 무언가를 하고 있었다. 어떤 그룹이 되었든 그녀는 항상 그 가운데에 있었다.

누군가를 가르치고 있을 때, 엄마의 말과 태도는 다른 사람이 본다면 공격적으로 보이지 않을까 싶을 정도로 당당했다. 작은 체구에서 어디서 그런 당당함이 나오는 것인지 궁금할 정도였다.

반대로 개인적인 활동이나 가정에서의 모습들, 예컨대 책을 읽거나 영화와 드라마를 볼 때, 맛있는 요리를 만들고 즐거워하며 또 다른 음식을 만들어볼까 하며 이야기를 나누고 있을 땐 아까의 모습은 찾아보기 힘들 정도로 잘 먹는 자식을 둔 어머니가 되었다.

나에게는 그저 그랬던, 어떻게 보면 오글거리기도 했던 영화나 드라마의 장면에서 향수를 느끼고 그 감정에 눈물을 흘리곤 했던 모습에서는 새삼스레 그녀도 한 명의 여성이구나 하는 생각도 들었다. 나는 그런 그녀의 모습을 이십팔 년간 보며 자라왔다.

어찌 보면 당연하지만 나는 어머니라는 여자의 반평생을, 그녀는 아들의 평생을 지켜봐온 셈이다. 가장 당연한 이야기지만 자꾸 그것을 잊고 사는 사람들이 많은 것 같아 안타깝다. 세상에서 가장 보편적인 관계인 부모와 자식 사이는, 서로를 누구보다 이해할 수 있지만 동시에 증오할 수도 있는 존재들이다.

천천히 다루겠지만 내가 이 책에서 가장 이야기하고 싶은 것은, 아들이 평생 하고 싶은 일과 목표를 말했을 때 부모가 어떻게 반응하였는지, 어떤 모습으로 나를 대했는지에 대한 것이다.

그러면서 오갔던 대화와 행동들이 내게 어떤 감정으로 와 닿았는지에 대해 할 수 있는 한 자세하게 서술할 예정이다. 부디 이 책을 읽은 부모님들은 자녀에게 건네는 한마디 한마디가 어떤 영향을 줄 수 있는지, 아이들은 이해되지 않았던 부모님의 말씀이 어떤 의미였는지 서로 생각해보고 한마디 대화라도 틀 수 있는 계기가 되었으면 한다.

2023년 3월

심선민

I
스스로 꿈꾸게 하라

II
싸움과 화해, 그리고 대화

엄마의 이야기

아들의 이야기

III
청소년과의 대화, 그리고 만남

엄마의 이야기

V
부모는 아이들에게 거울이며 이슬이다

엄마의 이야기

아들의 이야기

가족의 말하기

I

스스로 꿈꾸게 하라

엄마의 이야기

1. 나도 인지하지 못하는 고정관념

"하늘 하면 떠오르는 색이 무엇일까요? 무슨 색이 떠오르는지 한번 동시에 외쳐볼까요! 하나, 둘, 셋 하면 외쳐봅시다!" 하면 여러 대답이 쏟아져 나온다. 하늘색, 주황색, 흰색, 푸른색 등 대부분의 대답은 거기서 끝이 난다.

다 듣고 난 후 "그럼 하늘색은 무슨 색일까?"라고 다시 물으며 PPT 화면을 누르면서 여러 가지 하늘 사진을 보여준다. 일출, 일몰, 비 오는 날, 화창하고 맑은 날, 밤하늘 등. 그리고 다시 묻는다. "여러분이 생각한 하늘색이 맞나요? 여러 반응이 있지만 대부분 고개를 끄덕이거나 "아…" 하는 느낌의 반응을 보인다.

"그렇다면 하늘은 무슨 색일까? 하늘은 무엇과 함께 있는지에 따라 색이 다르게 보이는 것은 아닐까?"

하늘이 먹구름을 가득 품었을 때는 짙은 회색빛을 띠게 될 것이고, 구름 한 점 없는 맑은 하늘에 뜨거운 태양과 함께 있다면 푸른 하늘을 볼 수 있겠지. 계절에 따라 그 푸르름이 조금씩 다르겠지만 말이다.

해가 뜨지 않는 밤 보름달이 친구가 된다면 그 색은 과연 무엇이라 표현할 수 있을까? 하늘에서는 하루 24시간 동안 복잡하고 다양하게 미묘한 변화가 교차하며 일어나고 있다. 그런데 하늘색이 이것이라고 한마디로 단정 지을 수 있을까? 하늘을 하늘색이라고 한마디로 정의한다는 것을 나는 고정관념이라고 생각한다.

한 가지 질문을 더 한다면, "그럼 바다는 무슨 색일까요?" 이 대답 또한 하늘색에 대해 말할 때처럼 비슷하게 답한다. 바다색, 파란색 등. 나는 아이들에게 바닷물을 손으로 떠보았느냐고 묻는다. 대부분 아이의 대답은 긍정적이다. 바닷물을 손으로 떠보면 무슨 색이지요? 그러면 잠깐 침묵이 흐른다. "색이 없어요?"라고 물으면 긍정의 표현이 나온다. "바다도 수심이 낮은지 깊은지에 따라 색이 다르고 주변 환경에 따라 색이 다르다고 볼 수 있겠죠?"

"바다 밑에 색이 곱고 예쁜 산호가 많은지, 어떤 흙과 돌이 많은지, 서해안처럼 갯벌로 이루어졌는지에 따라서 멀리 보이는 바다색 또한 다양하게 보일 것입니다. 다시 말해 하늘도 바다도 어떠한 색도 지니지 않았다고 볼 수 있겠지요. 여러분의 마음이나 생각 주머니처럼요. 맞나요?"

"여러분이 살면서 무슨 생각을 하고 어떤 사람이 주변에 있는지, 무슨 일을 하고 사는지에 따라 여러분 삶의 색이 타인에게 보여질 때 서로 다르게 보여지는 것이 아닐까요? 삶의 색이라 말하는 것은 겉모습이나 말투, 생활방식으로 나타나겠지요."

위 내용은 학교에서 '색으로 고정관념을 깨자'라는 제목으로 진로 수업이나 리더십 수업 에서 패러다임을 설명할 때 사용하는 강의 내용의 일부를 옮긴 것이다.

여러분들의 생각은 어떤가?

2. 스스로 꾸는 꿈만큼 단단한 것은 없다

진로 수업이든 동아리 수업이든, 첫 수업을 시작하기 전 나는 몇 가지에 대해 꼭 묻고 답하는 시간을 갖는다.

- 첫째, 우리 친구들 지금까지 살면서 가장 즐거울 때가 언제였을까?(과거)
- 둘째, 어떤 활동을 할 때 혹은 무엇을 할 때 행복하고 즐거웠는지?(과거와 현재)
- 셋째, 20년 후 어떤 모습(직업)으로 살고 있을지 상상해 적어보기(미래)
- 넷째, 서로 입장을 바꾸어서 내가 엄마 혹은 아빠라면 자식(너)에게 무엇을 해주고 싶니? 또는 어떤 말을 해주고 싶니?

학교마다 정해진 시간은 3~10회까지 다르지만 다양한 질문을 하고 아이들이 써놓은 글에 내 생각을 댓글처럼 달아주었다. 중학교 1학년부터 고등학교 1학년 아이들의 대답은 별반 다르지 않다.

남자아이들 대부분은 게임, 팀 게임(PC방, 스마트폰), 운동(축구) 등이 가장 많았고 여자아이들은 영화, 유튜브 보기, 친구들과 수다, 연예인 공연, 노래방 갈 때 등의 답이 나온다. 물론 처음에는 장난삼아 적는 아이들도 있지만 몇 번의 수업이 진행되면서 반복하여 질문하고 적어보라 하면 조금은 진정성이 있는 대답이 나오기는 하지만 사실 언제 행복했는지 즐거웠는지 내가 무엇을 할 때 좋았는지 잘 표현하지 못한다.

그리고 A4 크기의 종이를 나누어주고 반, 번호, 이름 등 자신을 표현할 수 있는 글을 적어보라고 하면 종이 끝부분이나 구석에 아주 작은 글씨로 보기도 힘들 정도로 적어놓은 아이들이 많다.

자기 자신감이 없고 자아가 약하며 소심한 아이들이 보이는 반응이다. 위의 방법으로 꾸준하게 적어보는 습관이 생기면 아이들 스스로 자신을 알아보는 계기가 될 수 있다.

어쩌다 주변의 학부모들이나 어른들하고 이런 이야기를 할 때면 "요즘 애들 다 그렇지 뭐" 한다. 그리고 오히려 학교와 세상이 꿈을 너무 강요하는 것은 아닌지 불만을 이야기할 때도 종종 있다.

사실 아이들에게 꿈을 강요하는 것이 아니라, 스스로 자신의 미래가 어떻게 펼쳐질지 어떤 모습으로 살아가면 행복할지 한번 생각할 수 있는 시간을 갖는 것인데, 그것도 강요라고 보는 시각도 있다.

사실 우리 아이들은 본인이 좋아하고 잘하는 것, 앞으로 하고 싶은 일이 분명히 있을 것이고 부모님께 한 번쯤 말도 했을 것이다.

아이는 나름 진지하게 말했더라도 부모가 원하는 대답이 아니라고 생각되니 무시를 했거나 혹은 귀담아들어주지 않아서 부모님에 의하여 좌절을 맛보게 된 경우도 많다. 사실 부모님들에게는 중요한 일이 아니라고 생각하여 기억조차 없을 수 있다. "이런 것은 이래서 안 되고, 저런 것은 저래서 안 되고…."

부모님은 자신이 살면서 경험한 것에 비추어 아이들의 의견은 무시하고 비참하게 상처를 주었을 것이다. 그렇게 상처를 받은 아이는 스스로 생각하기를 거부하게 된다. 그때 그 상처가 아주 컸을 때 심한 트라우마가 되어 괴로워하는 경우도 많이 있다. 이런 경험이 자주 반복되면 아이들은 더 이상 꿈을 꿀 생각조차 하지 않는다.

그와 반대로 무엇인가 하고 싶다고 했을 때 무조건 최고로 좋은 조건에서 할 수 있도록 모든 조건을 갖추어주기도 하는데, 이 또한 아이들로 하여금 금방 싫증을 내고 지치게 만드는 일 중 하나이다.

많은 돈을 들여서 하고 싶다는 것을 모두 준비해주었는데 얼마 해보지도 않고 하기 싫다고 했을 경우 부모님의 반응은 어떨까! 경험하지 않아도 상상이 되지 않을까!

아이가 무엇인가 해보고 싶다고 한다면 조금은 천천히 다가가고, 왜 하고 싶은지, 그런 일을 했을 때 어떤 삶을 살게 되는지, 그런 일을 하는 사람은 어떤 사람들이 있는지, 혹시 그 방면으로 존경하는 사람이 있는지 물어봐야 한다.

멘토가 있다면 그 멘토를 만나게 해주면 좋겠지만 할 수 없다면 멘토의 삶, 즉 멘토가 가지고 있는 가치관을 찾아보도록 하고 꼭 그렇게 살고자 한다면 어떤 방법으로 목적을 이룰 것인지 계획(플랜)도 스스로 세워보게 하는 것이 좋다. 무엇이든 급하게 하면 실수를 하게 마련이기 때문이다.

아이가 스스로 선택하여 자신의 미래를 설계할 수 있도록 기다려주어야 한다. 너무 급하게 서두르거나, 부족함 없이 다 해준 다음 기다려주지도 않고 다그치면 아이들은 금방 싫증을 느끼고 지치기 때문이다.

그리고는 바로 포기해버린다.

과거 나의 아버지 세대에는 아이가 무엇인가 하고 싶은 것이 있다고 했을 때 생활이 넉넉하지 않아서 못하게 하는 경우가 많았다. 그래서 다른 방향으로 유도를 하여도 반항하지 않고 부모의 뜻을 따르는 경우도 많았다.

그러나 요즘 아이들은 말이 떨어지기 무섭게 급히 서둘러 부모가 아이의 미래 플랜을 부족함 없이 다 알아서 짜주고 이대로만 하면 문제없다고 다그친다. 그리고 그대로 이행하지 않으면 화를 내거나 아이를 원망하고 질책하는 경우도 있다.

부모의 입장에서 생각할 때 아이들이 바쁘고 배워야 할 것도 많다 보니 빠른 시간 안에 아이가 하고 싶다는 것을 완벽하게 부족함 없이 해주면 시간도 절약되고 신나서 잘할 것 같지만 절대 그렇지 않다.

"너는 공부만 해라! 다른 것은 내가 다 알아서 다 해주겠다"라고 하는 것은 아이의 삶을 망가트리는 것이다.

스스로 생각하고, 결정하고, 느리더라도 아이가 할 수 있는 만큼 할 수 있도록 해주고, 할 수 있다면 부모와 함께 경험해볼 수 있도록 하는 것도 아이를 무기력하게 만들지 않는 방법일 수 있다.

경험을 통한 지속성을 가지고 자기 주도적으로 성장할 수 있도록 기다려주어야 한다.

■ 사례 1

지인의 아들 이야기다.

아들이 군대를 제대하고는 잘 다니던 대학에 복학을 하지 않는다고 하여 엄마인 지인이 걱정을 많이 하셨다. 아들은 대학에 복학할 생각이 전혀 없었다.

“지금까지 부모님 뜻에 따라 살았으니 이제부턴 내 뜻대로 살겠습니다. 내가 뭘 하고 싶은지 생각해보는 시간을 갖고 싶어요.”

확고한 의지가 담긴 말에 어머니는 아들이 변했다고, 어쩌면 좋겠냐며, 이런 아들이 아니었다며 울고불고 근심 걱정으로 세월을 보내셨다.

그러다가 극심한 스트레스로 결국 건강에 이상이 생겨 병원 신세를 지기도 했다. 유교적 집안 환경과 남편의 완고한 성격도 그분을 힘들게 했지만 문제는 대립관계의 아들이 가장 큰 스트레스였다.

일단 아들의 이야기를 들어보시라고 했다. 한참을 망설이던 아들이 처음으로 자신의 이야기를 하기 시작했다. 초등학교 시절 취미로 다니던 운동이 너무 재미있었는데 어느 날 학원을 끊은 것이 계기가 되었다고 했단다. 어머니가 자신에게 한마디 말도 없이 다니지 말라고 했는데 그때는 부모님이 무서워 이유를 묻지도 못하고 부모님이 하라는 대로 살았다고 했단다.

그 이후에도 고등학교, 대학교와 관련 학과까지 부모님의 뜻대로 취직이 잘된다는 학과를 선택하고 대학교 2학년까지 다닌 후 군대 입대를 했던 것이다. 그리고 제대 이후 학교로 돌아가지 않겠다고 선언을 해버린 것이다.
그런데 그때도 어머니는 "무엇을 하더라도 대학 졸업은 하고 해라. 살면서 대학 졸업장이 꼭 있어야 한다"라고 주장하시고 아들은 대학에서 배우는 것들이 내가 좋아하지도 않는 것일뿐더러 학교 다니는 것은 시간 낭비다. 내 인생이니 내 뜻대로 살겠다는 것이 아들의 완강한 주장이었다.

이 사례에서 어머니는 아들이 초등학교에 다닐 당시 운동선수가 된다고 할까 봐 운동에 소질이 있다는 관장님 말을 듣고도 아이의 의견을 묻지도 않고 학원을 일방적으로 끊었다. 이때 아들은 스스로 마음의 문을 닫아버렸던 것이다. 어른들이 생각할 때 별것도 아니고, '엄마가 그럴 수도 있지'라고 생각할 수도 있다. 아이들이 다 똑같은 것은 아니지만, 한번 상처를 크게 받으면 스스로 회복하는 데 아주 오랜 시간이 걸린다는 것이다.

부모의 생각대로 강압적으로 할 수 있는 시기는 한계가 있다. 이런 경우 부모님과도 오랜 시간 불통이 지속되는 경우가 많다. 그리고 서로가 너무 큰 상처를 받는 경우이다.

만일 초등학교 시절 아이와 부모님이 대화를 해보고 협상을 잘 했더라면 이 가족의 삶은 어땠을까? 주변을 살펴보면 이런 현실에 처해 있는 가정이 많다. 타인에게 말도 못 하고 애만 태우는 가정이….

■ 사례 2

학업중단 예방 프로그램 수업을 할 때 일이다. 10회 중 첫 수업을 하던 날로 기억한다. 메리골드라는 꽃의 염료로 염색 수업을 하였다. 수업이 마무리되어갈 무렵 수업 시간 내내 나에게 도전적이던 녀석이 아주 진지하게 말했다.

"샘~ (손수건을 손바닥 위에 올려놓으며 장난기가 가득한 얼굴로) 이것(손수건)이 너무~ 무거워 집에 못 가져갈 것 같아요~" 한다. 내가 "집이 얼마나 멀길래?"라고 물으니 버스를 타고 한 시간을 넘게 가야 한다면서 이기죽거렸다.

그 말에 나는 아주 자연스럽게 "너 혹시 광덕 사니?" 하며 잽싸게 물었다. 순간 정말 놀라며 "어떻게 알았어요?" 한다. "너 광풍중학교 나왔지?" 또 잽싸게 받아쳤다. 더 깜짝 놀라며 "어떻게 알았어요?" 한다. "내가 지금부터 30분 안에 너의 부모님 전화번호 찾아 전화한다! 그러니까 가져가지 마!" 하고 단호하게 젖은 손수건을 가로챘다.

그랬더니 이 녀석이 "아~ 아~ 왜 이러세요~. 샘 제가 가지고 갈거예요~" 한다. 애교까지 부리며 말이다. 이런 일이 있고 난 이후 나는 그 녀석과 좀 가까워진 느낌이 들었다.

그런데 이 녀석은 늘 수업이 1시 30분부터 시작인데 꼭 2시가 넘어서 수업에 들어왔다. 난 수업 시작 벨이 울리면 출입문을 잠그고 수업을 시작하는데, 꼭 늦게 와서는 문을 열어달라고 창문에 얼굴을 문질러가며 문밖에서 애교를 부렸다.

못 이기는 척 문을 열어주기를 여러 번, 나중에 이야기를 들어보니 아침에 일찍 일어나야 하는데 못 일어난다고 했다. 그래서 버스를 두 번 갈아타고 오면 점심시간이 넘는다고.

한참 고민 끝에 "내가 아침에 전화해서 깨워줄까? 그럼 점심시간 전에는 올 수 있지 않을까? 그러면 학교 급식도 먹고 좋지 않겠니? 급식도 공짜인데 좀 일찍 와서 점심이라도 먹자" 했다.

그런데 이 녀석이 잠시 생각에 잠기더니 고개를 끄덕이며 "한번 해볼게요" 하고 말한다.

그리고 정말로 조금씩 일찍 와서 점심도 먹고 주차장으로 와서 나를 배웅하기도 했다.

이 아이는 누구에게든 관심을 받고 싶었던 것이다.

그런 일이 있고 난 후 많은 이야기를 나누었는데, 그 이야기 중에서 아르바이트 이야기가 나왔다. "집이 멀어서 주중엔 아르바이트를 못할 것 같고 주말에는 어떤 아르바이트를 하니?" 하고 물으니 신이 나서 말문이 터졌다.

판매하는 아르바이트를 어디어디에서 한다면서 "샘이 오시면 제가 아주 싸게 잘 모시겠다"라고 하며 본인이 얼마나 일을 잘하는지, 그래서 그곳에서 얼마나 인정을 받는지 너무 기분이 좋은

듯 좋알거렸다.

그때 나는 손뼉(오버)까지 쳐가며, "그래, 너는 얼굴도 그만하면 호감형이고 말도 잘하니 너는 영업(비즈니스)을 하면 정말 잘할 거야! 자~ 이제부터 너의 목표는 졸업이다! 나중에 결혼해서 아이를 낳아 키우게 됐을 때 아빠가 중졸이면 쪽팔리잖아. 그렇지 않을까? 그러니 일단 졸업하는 것이 목표다! 알았지! 그리고 졸업하고 바로 군대에 가라~. 알겠지? 군대에서 복무하는 동안 너의 미래에 대하여 많은 생각을 해보렴. 그리고 그때 공부를 해야겠다고 생각을 해도 괜찮아~. 다른 친구들보다 좀 늦을 수 있지만 네가 꼭 해야 하는 목표가 생긴다면 그것이 무엇이든 더 잘할 수 있을 거야. 그치~"라고 응원해줬다.

내가 그 자리에서 할 수 있는 것은 그것뿐이었다.

이 녀석을 알아갈수록 왠지 이 아이의 환경이 궁금했다. 그렇지만 묻지는 못했다. 안다고 해도 딱히 어떻게 도와줄 방법도 없는 노릇이니. 그래서 늘 마음이 짠했다.

마지막 수업을 하던 날이었다. 수업이 끝나갈 무렵 이 녀석이 내가 그랬듯 교실 문을 잠그며 내 앞을 막아섰다. 순간 너무 놀랐는데 갑자기 몇몇 녀석이 스승의 은혜를 부른다. 순간 울컥하여 눈물이 났지만 아닌 척하고 "너희들은 참 멋진 녀석들이야. 정말 세상에 꼭 필요한 사람이 될 거야" 하고 커다란 녀석들을 지긋이 당겨 안아주었다.

생각을 조금만 다르게 하면 행동이 변화되고, 습관을 조금만 바꾸면 삶의 형태가 바뀐다. 그것이 바뀌면 아이들의 미래가 바뀐다.

■ 사례 3

아이들의 꿈은 정말 다양하다. 그러나 우리 어른 부모의 입장에서 모두 이해하고 꿈을 응원해주기란 사실 힘든 일이다. 이 사례도 학업중단 예방 프로그램 진행 중 있었던 사례이다.

집에서 학교까지 버스를 2번 갈아타고 1시간이 넘는 시간을 돌아서 와야 한다고 했다. 매일 복잡한 과정을 거쳐 학교를 와야 할 때 학교에 오는 목적과 공부를 해야 하는 이유가 있으면 좋을 텐데 학교에 다녀야 하는 또렷한 이유도 없고 그저 부모님이 가야 한다니까 억지로 다니려 하니 아이는 늘 지각과 무단결석이 많아이 수업을 들어야 했던 것 같다. 말수도 적고 표정도 별로 없이 무표정한 이 아이는 학교에 다니는 것이 아무 의미도 없고 그저 귀찮았던 것이다.

그러니 학교에 오면 수업 시간에 자고, 잠을 자면 선생님께 혼나고 무시당하는 일들이 계속 반복되니 화가 가득 차 있던 것이다. 자존감 또한 바닥까지 떨어져 있고, 말도 안 하고 외톨이처럼 지내다 보니 학교에 오고 싶지 않았다고 했다. 밤에는 게임을 하고 아침엔 못 일어나는 일상이 반복되다 보니 부모님과의 관계도 좋지 못했다.

여러 차례 이야기를 나누다 보니 부모님에 대한 불만을 이야기한다. "그래서 너는 무엇을 하고 싶길래 부모님의 반대가 심한 건데?" 하고 물으니 아이의 대답은 겉모습과는 달리 나이트클럽 DJ였다. 의외의 대답에 나도 너무 깜짝 놀랐다. 이 아이와의 대화 속에서 부모님과의 소통이 안 되는 것이 문제라는 것이 느껴졌다.

"왜 내가 아르바이트하여 내가 배우고 싶은 것 한다는데 못하게 하는지 이해가 안 돼요. 돈을 달라는 것도 아닌데 그래서 정말 짜증 나요" 한다.

DJ가 되고 싶은데 안 된다고 하셔서 아르바이트를 하여 학원을 다니는데, 아니, 돈을 주시는 것도 아니고 왜 자꾸 못하게 하는지 이해가 안 된다고 불만을 토로했다. 이때 나의 대답은 어땠을까!

"음, 있잖아. 내가 너희 부모님 입장이라도 그 직업에 대하여 쉽게 승낙하기는 힘들 것 같아. 그런데 부모님과 너의 미래에 대하여 진지하게 이야기해봤니? 또 반대한다고 할 때 너의 행동이나 말투는 어땠는지 기억나니?" 내 말을 듣고 있는 아이의 표정이 어리둥절해 보였다.

"자, 그럼 지금 부모님이 너에게 제일 바라시는 건 무엇일까?" 하고 물으니 "학교 잘 다니고 말 잘 듣고 밤늦게까지 게임 안 하고 아침에 일찍 일어나는 거겠죠" 한다. "그래~. 그럼 내가 말하는 대로 한번 해볼래?" 하니 고개를 끄덕였다.

- 첫째, 아침에 스스로 일어나 학교에 간다.
- 둘째, 저녁에 일찍 자고 당분간 게임을 하지 않는다.
- 셋째, 절대 결석하지 않는다. 부모님이 '재가 왜 저러지!' 하실 때까지. 부모님이 무슨 일 있는지 물을 때까지.

이렇게 이야기하자 "왜요?" 하고 반문했다. "공부를 갑자기 잘한다면 좋겠지만 사실 쉽지 않으니, 그러니까 부모님께서 원하시는 대로 너의 변화된 모습을 보여드리는 거지. 그러면 정말 너를 바라보시는 눈빛이 조금은 달라질 거야. 그럼 그때 아주 간곡하게 정말 애절한 목소리로 말씀드려. 정말 이 일을 꼭 한번 해보고 싶다고, 열심히 해보고 그때 아니라고 생각이 되면 그만하겠습니다. 저 좀 믿고 지켜봐 주세요~. 정말 열심히 잘살게요~ 해봐"라고 했더니 "옙" 하며 얼굴이 밝아졌다.

이런 이야기를 나누고 난 후 시간이 얼마나 지났을까! 수업 시간이 다 되어 문을 열고 들어오는 아이가 신이 났다. 그리고 나를 보고 씩 웃는 것을 보니 성공한 것 같았다. "엄마가 한번 해보라고 했어요~. 샘이 시키는 대로 했더니 성공이에요~" 한다.

예정된 수업 일정이 끝나갈 무렵 "샘~" 하고 큰 소리로 날 부르며 그 아이가 교실로 뛰어 들어온다. 그리고는 "저 취직되었어요~. 졸업하면 바로 일하기로 했어요~. 샘 저 일하는 곳에 꼭 놀러오세요~."

나는 그 대답으로 "음~ 나 이래봬도 나이가 많아~. 아마 입구에서 쫓겨날걸!" 했더니 입구에서 전화하시면 모시러 나온다고 한다. 아마 자신이 일하는 멋진 모습을 보여주고 싶은가 보다.

이 아이의 경우 가족들과의 의사소통이 안 되고 서로 자기의 입장에서만 생각하고 대화를 했기 때문에 힘들어 하는 경우였다.

서로 상대방의 입장에서 조금만 생각해주고 서로의 의견을 존중했다면 그렇게 힘든 시간을 보내진 않았을 텐데 하는 생각이 들었다.

어떠한 일이든 하고 싶어 할 때 못하게 하는 경우 언젠가는 꼭 한번은 실행하려 한다. 하지 못하게 하더라도 본인 스스로 포기하는 것과, 타인의 의지로 못하게 하는 것은 그 아이의 미래에 큰 영향을 미치게 된다.

3. 타인의 말에 흔들리지 마라

'동네 아줌마'의 말에 현혹되지 마라. 아이가 태어나면, 아니 임신을 하게 되면 모든 부모는 아이가 건강하게만 잘 태어나기를 기도한다. 요즘처럼 환경의 요인을 많이 받아 아이의 건강이 제일 큰 걱정이기도 하다.

아이가 태어나 걷지도 못하는 시기부터 창의력 관련 놀이를 시작으로 한글, 숫자, 영어 등 많은 관심을 가지고 너나 할 것 없이 가르친다. 3~5세까지만 하여도 창의력이란 곳에서 아이들이 놀고 있을까? 6살 나이도 되기 전부터 영어, 수학, 글쓰기, 운동은 한 가지씩 꼭 하여야 하고 아이들은 아이의 성향과 관계없이 부모의 능력에 따라 학습(선행학습)의 노예가 된다.

초등학교에 입학하면서부터 성적의 노예가 되듯이 말이다. 요즘은 아니라고, 세상이 변했다고 하지만 흔히 말하는 국·영·수 성적을 일정 기준치 이상 유지하고 있어야 한다고. 성적이 떨어지면 좋은 대학에 갈 수 없다는 부모님들의 생각이 아직도 변하지 않고 있다. 자녀가 입학한 대학은 부모의 자랑거리가 되기도 한다.

부모님들께 지금 딱 하나만 물어보자. 부디 곰곰이 생각해주시길 바란다. 우리 아이들에게 과연 좋은 대학은 어디일까? 그리고 꼭 20살에 대학을 가야 할까?

좋은 대학에 가야 하는 게 아니라 아이들이 하고 싶은 일과 연관이 있는 그런 학문을 다루는 대학과 학과에 진학해야 하는 건 아닐까?

고등학교 재학 중일 때도 무엇을 해야 할지 결정이 안 된 상태에서 성적에 맞춰 대학에 진학하게 된다. 아무런 준비 없이 들어간 학교나 학과에서 학문에 대한 기초적인 흥미 없이 학교 수업을 들어보아야 성과도 없다.

무엇을 하고 싶은지, 공부를 해야 하는 목적을 가지고 기초학문을 익혀 자신과 맞는 대학이나 학과에 진학한다면 공부하기에 조금은 수월하지 않을까?

그러다 보니 대학을 입학하여도 반수나 편입을 선택하는 경우가 많아진다. 반수나 편입을 해서라도 하고 싶은 일에 연관성이 있는 학과를 한 번에 찾아간다면 큰 행운이다. 본인의 성향이나 강점을 고려하지 않고 취직이 잘되는 학교나 학과를 선택하다 보니 왜 해야 하는지 이유를 찾지 못하는 것이다. 당연한 이야기다.

대학교는 고등학교와 다르다. 출석하지 않는다고 선생님이 집으로 전화하는 일 따위는 없다. 자신을 어느 정도 챙겨주던 담임선생님은 어디에서도 찾아볼 수 없다. 고등학교처럼 누군가 강요하는 사람도 없다. 그렇다면 배우고 싶지도 않은 학문을 성실히 배울까? 정말 쉽지 않은 일이다.

가령 주사의 바늘을 너무 싫어하고 피만 보아도 소름이 돋는 성향인데 취직이 잘된다고 하여 간호학과를 간다든지, 사람들과 소통하는 것이 불편하고 혼자 있는 것을 즐기는 사람이 사회복지학이나 유아교육을 선택하는 것과 같을 것이다.

자연스럽게 아이들이 자라면서 본인이 무엇을 좋아하는지, 무엇을 할 때 행복한지를 스스로 찾아야 한다.

부모의 역할은 강요하는 것이 아니라, 스스로 느끼고 미래를 설계하도록 도와주는 게 맞는 것이다. 부모가 그 정도는 해야 우리 아이들이 꿈을 꾸며 행복한 미래를 스스로 설계하지 않을까?

20대 중반에 접어들어 미래를 꿈꾼다 해서 절대 틀린 건 아니다. 그러나 내가 좋아하는 것이 무엇인지, 어떤 삶을 살 것인지 고민하는 시기가 늦어지면 늦어질수록 부모와 의견 충돌도 많아질 수 있다.

무엇을 해야겠다는 목적도 없이 남들이 하니까 너도 해야 한다며 학원과 과외 등에 많은 시간과 금전이 들어갔다면 부모는 '내가 너에게 어떻게 했는데' 하는 식의 피해의식과 분노를 갖게 되고 서로가 서로를 이해하지 못한 채 화만 가지게 된다.

그렇게 된다면 결국 가족 간에 사이가 나빠지고 서로 힘들어하는 결과가 나오고 마는 것이다.

아이를 키우면서 제일 중요한 사람들이 누구일까? 어떤 사람들의 영향을 가장 많이 받을까? 나는 아이가 좋아하는 것, 즐겁게 할 수 있는 것을 하라고 하고 다른 부분들, 잘 못하는 것은 할 때가 되면 하겠지 했다.

나는 아이를 갖고 태어날 때부터 공방을 운영하고 있었기 때문에 주변의 아이 또래 엄마들과 어울릴 시간적 여유가 없었다. 그런데 초등학교 1학년에 입학하면서 나는 많이 당황했었다. 8살이 될 때까지 그 흔한 학습지 하나 풀어본 적이 없으니 아이도 나도 학교생활에 적응하는 데 시간이 적잖게 걸렸었다. 뒤늦게 학습지를 하든지 학원을 보내야 한다는 소리를 듣고 귀가 솔깃하여 학습지를 시작하는 계기가 되었다. 수학 과목 하나로 시작한 학습지는 다섯 과목을 넘게 되었고 결국 몇 년 동안 아이와 나의 싸움의 원인이 되었다.

처음엔 호기심에 친구들도 다 하니까 하고 싶다고 하여 시작했는데 자꾸 욕심을 내어 숙제의 양이 많아지다 보니 결국 풀지 않은 학습지를 여기저기 숨겨놓기도 하고 다른 곳에 두고 왔다고 거짓말로 위기를 넘기기도 하였다.

그러다 아이의 거짓말을 알게 된 날이면 난 어김없이 매를 들었다. 결국 아이와 나 서로에게 상처가 되고 분노가 되어 마음에 생채기를 남겼다. 몸의 상처는 아물고 흉터가 남지만, 마음에 남은 상처는 언제 나을지 알 수 없다.

만일 내가 생각한 대로 꾸준히 실천하고 살았더라면 제일 여유롭고 즐거웠을 시기에 서로 상처 주는 일은 없었을 수도 있었다. 그때 그 일들이 살면서 가장 미안하고, 나 스스로에게도 용서하기 힘든 상처가 되었다.

우리는 알게 모르게 주변 사람들의 말과 행동에 감정과 생각이 움직인다. 이렇게 하면 좋다고 하더라, 그런 것을 하면 아이들 머리가 좋아진다더라.

주변에서 수없이 들리는 이런 말들이 우리를 그렇게 만들었다. 물론 도움이 될 때도 있겠지만 다시 생각해보면 그렇지 않은 경우가 더 많았다.

예를 들어 내가 바느질을 하고 있으면 흔히들 했던 말이 있다. 돈도 안 되는 그 짓을 왜 하고 있느냐, 눈은 보이느냐, 눈 빠지겠다, 아직도 이 짓을 하고 있느냐, 돈을 벌어야지 어쩌려고 쯧쯧쯧… 등 이제 슬슬 익숙해지고 있는 말들이지만 지금까지도 나에게 가장 상처가 되었던 말들이다.

그런 말들로 내게 상처를 주고 자신은 나와 비교하면서 성공한 것처럼 허세를 부리며 이기죽거리는 사람들이 많이 있었다. 시간이 많이 지난 지금은 어떨까! 나는 제자리에서 변함없이 한 우물을 판 덕분에 전공한 분야를 기반으로 여러 영역에서 즐겁게 일하고 있다.

돈을 우선으로 보고 주변에서 어떻게 나아가는지 보지 않은 채 허영과 허세만 부리던 그 사람은 어떻게 되었을까! 지금 어떤 분야에서 활동하는지 더 이상 소식이 들리지 않은 지 꽤 오래되었다.

만일 주변 사람이 돈 많이 벌 수 있다고 권했던 직업들에 솔깃하여 이리저리 돈을 좇아 헤맸다면 지금의 이 아름답고 즐거운 일은 못 했을 것이다. 나의 소신 없이 주위에 지인들의 말에 흔들리다 보면 갈팡질팡할 뿐 아무것도 할 수 없다. 어떤 일이든 마찬가지다. 내가 원하는 것이라면 소신을 갖고 하여도 좋다.

4. 아이들의 겉모습만으로 판단하지 마라

어른들은 아이들에게 이런 질문을 많이 한다.

"너는 커서 어떤 사람이 되고 싶으니?"

그리고는 겉모습만 보고 판단을 하곤 한다. 가령 아이의 키가 크고 피부가 거무스름하면 "너는 운동을 잘하겠구나?" 얼굴이 예쁘면 "연예인 하면 좋겠다" 하는 등 우리는 아이들의 겉모습만으로 그 아이를 쉽게 판단하여 말을 한다.

내 학창 시절에 있었던 일이다. 같은 반 친구였는데 그 친구는 첫 학기가 시작될 때마다 곤욕을 치렀다. 주로 선생님들에게 당했었는데, 정말 간단한 이유였다. 생긴 것이 반항적으로 생겼다는 어처구니없는 이유.

들어오는 선생님마다 공연히 지적을 당하기 일쑤에, 질문에 제대로 답을 못하면 공부는 안 하고 놀러 다니기만 해서 이것도 모르냐는 등 면박을 당했었다.

그 친구의 생각이 좀 엉뚱하면 뜬구름 잡는 소리 좀 하지 말라고 면박을 주거나 아주 무서운 말로 싹을 무참하게 짓밟아버리는 경우도 많았다.

그 친구는 결국 쌓이고 쌓인 그 상처를 안고 학교를 포기했던 것으로 기억이 난다. 외형으로만 그 사람의 현재와 미래를 판단하려고 하는 경우 중 하나였다.

가령 공부가 좀 부족한 아이가 "검사가 될 거야"라고 한다면 "그렇게 공부해서 퍽이나 검사가 되겠냐. 넌 틀렸어"라고 한다든지 얼굴이 좀 못생겼다고 생각이 들면 "넌 공부밖에 할 것이 없다. 공부라도 잘해야지"라고 걱정하는 것처럼 말하지만 그 아이의 강점이 무엇인지도 모르면서 보이는 것만으로 아이의 미래를 정해주려 했다.

실제로 내 아이의 꿈은 초등학교 6학년 때부터 소설가였는데, 고등학교 1학년 때 야간 자율학습 시간에 컴퓨터를 켜고 있으면 지나가는 선생님이 뒤통수를 치며 게임 좀 그만하라고 야단을 쳤다.

게임하는 것이 아니라고, 무엇을 하는지 설명을 하면 그까짓 글을 써서 어떻게 먹고살려고 하느냐며 지금은 현실적인 직업을 찾을 때고 무엇보다 그것을 위한 학교 공부를 할 때라며 혀를 끌끌 차고 가셨다고 했다. 그런 일이 있었던 날이면 아이는 화가 나서 집에 돌아와 짜증을 내곤 했다.

그럼 부모와 어른은 다를까? 시험 기간 중 독서 삼매경에 빠진 아이를 바라보는 대부분 부모의 반응은 어떨까! "지금 책 볼 시간이 어디 있어? 시험 공부를 해야지! 휴, 속 터져" 하는 반응이 대부분이다. 지금 현재 주요과목 성적이 중요하다고 생각하기 때문이다.

이런 상황에서 아이는 공부가 될까? 과연 시험 성적이 잘 나올까? 어른들은 독서가 중요하다 하면서도 시험 기간에 시험과 관련 없는 책을 보는 아이를 보면 그냥 넘어가지 않는다. 여기서 아주 중요한 것은, 이때 독서하는 습관을 놓쳐버리면 그 시기가 지나고 나서도 아이들은 책 읽는 습관을 아주 잃어버린다.

"어휴 기특하네, 책도 읽고. 괜찮다, 무엇이든 열심히 하렴." 이런 모습을 보여주고 공부에 관련된 이야기를 하며 공부를 하게 하거나 읽고 있는 책이 무엇인지 물어봐준다면 아이에게 어떤 영향을 줄까? 아이가 무엇이든 하고 싶은 것이 있다고 하였을 때 스스로 계획하고 도전해볼 수 있도록 하고 가능하다면 경험해볼 수 있도록 도움을 주는 것은 어떠한가. 목표가 있다면 어떤 과정을 거쳐 그 목표를 이룰 것인지 스스로 계획을 세워보도록 하는 것이 중요한 일일 것이다.

만일 영화감독이 되고 싶다고 하였을 때 왜 그런 생각을 하였는지, 어떤 면이 좋았는지 물어봐주고 그렇다면 어떤 영화가 마음에 들었는지, 어떤 감독이 좋은지, 영화감독이 되기 위해 어떤 방법으로 다가갈 것인지 차근차근 스스로 준비할 수 있도록 지켜봐주어야 한다. 자신 스스로 목표를 설정하고 구체적으로 준비하는 과정에서 필요한 부분이 있다 하여 도움을 청할 때 함께 고민해주고 만약 가능하다면 대강의 방향을 제시해줄 수는 있다.

그러나 부모의 생각대로 좌지우지한다면 아이들 스스로 꿈꾸는 것 자체를 하지 않으려 한다. 우리 선생님들과 부모님들은 아이들의 이야기에 귀 기울여 들어주고 스스로 성장할 수 있도록 기다려주어야 한다.

무엇인가 하고 싶은 일이 있다고 했을 때 그 일이 왜 하고 싶은지, 어떤 면이 좋은지를 물어보자. 그 일에 어떤 방법으로 다가갈 계획인지 아이의 의견에 한 번이라도 귀를 기울여보자. 무엇보다 중요한 것은 그렇게 이야기를 나눈 뒤 스스로 꼼꼼하게 체크하고 준비하도록 기다려주는 것이다.

그 과정에서 아이가 힘들어 하는 시기가 오면 그때 방향을 제시해줄 수도 있다. 만약 가능한 방법이라면 간접 체험을 할 수 있도록 도와주어도 좋다.

A4용지 반을 접어 한쪽에는 내가 좋아하고 잘하는 것을, 다른 한쪽에는 무엇을 할 때 행복한지 어떤 일을 해보고 싶은지 한 달에 한 번이라도 요일을 정해놓고 꾸준하게 적어 내려가다 보면 스스로 내가 원하는 삶이 무엇인지 그릴 수 있을 것이다. 우리 어른들은 아이들이 느리지만 스스로 찾아낼 수 있도록 기다려주어야 한다.

내 스스로 찾은 미래 자신의 모습에서 꿈이 생기고, 꿈이 있어야 나의 미래 진로를 결정할 때 많은 도움이 된다. 그 진로에 따른 직업(학과, 대학)을 선택하여야 한다. 아이들의 외모만 보고 쉽게 판단하는 것은 그 아이의 재능을 찾는 데 있어 걸림돌이 된다.

5. 직업은 영원하지 않다

내 아이가 성인이 되었을 때 어떤 직업을 갖고 살기를 원하는가? 안정적이고 돈도 많이 벌 수 있는 직업을 갖기를 원하는 건 어쩌면 당연한 일일 것이다.

그런데 통계를 보면 앞으로 5년 안에 80%의 직업이 사라진다고 한다. 그리고 우리가 알 수 없는 직업이 수없이 생겨난다고 한다. UX디자이너, 안드로이드 개발자, 자율주행 인공지능 빅데이터 전문가 등 너무나 생소한 직업들이 하루가 다르게 생겨나고 있다.

반면 소리 없이 사라지는 직업군을 보면, 우리에게 익숙한 직업이 생각보다 너무 많다는 걸 알 수 있다. 인공지능이 정확하게 수행할 수 있는 단순노동을 비롯하여 현재 의료계에서는 정밀수술을 사람보다 더 정확하게 처리할 수 있는 로봇이 이미 존재한다.

금융권에서는 수많은 데이터를 이용하여 통계적으로 정확하게 활용하는 AI 모델 등 우리가 미처 생각하지 못했던 곳에서도 인공지능 및 빅데이터의 활약이 대단하고 그 속도 또한 빠르다. 코로나19의 확산으로 그 확산은 더욱 빨라지고 있다.

우리는 늘 인공지능을 접하고 사용하고 있지만 정확하게 어떤 것이 사라지는지 잘 인지하지 못하고 있다. 생각해보면 은행의 주요 업무 형태가 모바일로 바뀐 지가 오래되었고 창구에서 근무하는 직원의 대면이 줄었고 이미 영업이 부진한 지점들은 사라지고 있다. 주변을 조금만 살펴보아도 앞으로 사라지는 직업군에 대한 느낌이 올 것이다.

주차장을 지키던 아저씨와 인사말을 건네며 계산을 하던 캐셔가 사라지는 대신 영수증이나 출입 확인으로 요금을 정산하고, 패스트푸드점이나 음식점에서 이미 자연스럽게 접할 수 있는 주문 기계 키오스크라든지 고속도로 요금 정산 방식의 변화로 사라지고 있는 요금 정산 사원의 모습들, 주유소에서 주유 아르바이트를 하던 모습 등 우리는 느끼지 못하지만 소리 없이 사라지는 직업은 어마어마하다.

어른인 우리가 마치 모든 걸 다 알고 있다는 듯이 아이들을 가르치는 것은 결코 옳은 방법은 아닐 것이다. 아이들 스스로 꿈꾸고 목표를 정하고 선택하게 하되 실패를 두려워하지 않도록 늘 용기를 주어야 한다. 좌절했을 때 따뜻한 말로 안아주는 것이 우리 어른들이 해야 할 몫이 아닐까.

슬픈 이야기지만 21세기는 안정적인 직업을 추구할 수 있는 시대가 결코 아니다. 정체성 있는 직업을 가져야 한다는 생각으로 우리들의 고정관념을 바꾸지 않는다면 세상의 변화를 따라잡지 못하고 뒤떨어지는 사람이 될 뿐이다.

미래에는 무엇으로 돈을 벌어야 할까?

오늘날 우리 아이들이 배우고 있는 대부분의 기술들이 언제까지 쓸모가 있을까?

구체적이기보다는 범용적인 삶의 기술과 변화에 대응하는 능력, 자기 자신을 끊임없이 다시 발견하고 돌아볼 수 있는 힘을 길러주어야 한다.

요즘은 태어나서 30살까지는 부모의 덕으로 살고, 60살까지는 자신의 능력으로 살고, 60 이후의 인생은 위 두 삶을 합한 삶을 사는 것이라고 생각한다.

아들의 이야기

1. 한마디가 그렇게 아픕니다

나는 어렸을 때부터 부모님에게 꿈을 방해받은 적이 없었다. 경제적인 어려움이나 현실적인 문제에 부딪혔을 때를 제외하고 항상 지원을 받았다. 금전적인 지원도 지원이었지만 가장 크게 다가온 것은 믿음이었다.

내가 어떤 것(글쓰기, 공부 등 내가 해야 하는 모든 분야)에 대하여 충분히 생각하고 고민해본 다음 이야기를 했을 때 충분히 들어주고 논의해줄 수 있는 사람이 있다는 것은 어떤 지원보다 든든했다. 그랬기에 이야기를 나누며 차근히 하나씩 해결해가고 나아갈 수 있는 발판을 마련할 수 있었다.

우리 사이에 이미 자리 잡고 있던 대화의 습관 덕분이었다. 자연스럽게 친구들과도 그런 이야기를 나누곤 했다. 그러다 보면 친구들로부터는 현실을 모르는 놈 취급을 받기 일쑤고, 어느 것 하나 마음대로 할 수가 없다는 그런 말들을 들었다. 어느 한쪽의 문제라고 보긴 어려웠다. 양쪽 다 소통이 되지 않으니 서로가 힘들어 하는 것으로밖에 보이지 않았다.

작가의 꿈을 꾸고 그것을 숨기지 않고 살다 보니 자연스럽게 주변에도 글, 그림, 만화, 영상 등 예술 계통을 공부하며 진학을 준비하는 친구들이 많았다. 부모님과 가장 많이 부딪히는 진로만 모여 있었다. 그러다 보니 친구들이 대학을 진학할 때 대부분 부모님이 사용하는 언어는 이랬다.

"취직이 가능한 학과로 가고, 예술은 취미로 해라." "너는 아직도 그 정도 실력에 그걸 붙잡고 있는다고 뭐가 되겠니?" "말도 안 되는 소리 하지 마라. 밥 굶기 싫으면 취직되는 걸 해." "내 친구 아들은 공부 잘해서 어디를 간다는데, 너는 어딜 간다고?"

읽으시는 부모님들이 어떻게 생각하실지 모르지만, 들은 이야기들을 많이 순화한 것이다. 아는 사람 중 하나는 취미가 아니라 진지하게 창작을 배워보고 싶다고 문예창작학과를 가겠다고 하니 부모님에게 뺨을 맞았다고 했다. 여태 학원에 들인 돈이 얼만데 취직도 안 되는 과를 가겠다고 하냐는, 분노에 찬 말들은 덤처럼 따라왔다고 했다.

내가 직접 들었던 것만 해도 대화는커녕 일방적인 언어적, 육체적 폭력에 가까운 사례가 한두 건이 아니다. 부모님들은 자기의 자식이 얕은 생각으로 진로를 결정한다고 생각하실 수도 있다. 그렇지만 자식들은 생각보다 그렇게 쉽게 진로를 결정하지 않는다.

그런 생각을 하게 된 계기가 있고, 만약 없다면 언제든지 영향을 받을 수 있는 존재들이다. 내가 겪었던 두 가지 사례를 소개하겠다. 매일 소설만 쓰다 보니 소설처럼 읽힐 수도 있겠지만 모든 사례는 당사자들에게 허락을 받은, 정말 있었던 일들이다.

고등학교를 같이 나온 친구 A 이야기다. 중학교는 다른 곳을 나왔지만, 둘을 전부 알고 있던 친구의 소개로 만나게 된 놈이었다. 나중에 이야기를 해보니 영화 취미가 비슷해 금방 친해졌다.

성인이 되고 나니 좋아하는 술에 안주 취향도 비슷해 술자리도 자주 가졌다. 내가 재수를 할 때도 두 번 정도 A의 집에서 술을 마신 적이 있었다. 첫 번째 자리에서 A의 부모님을 처음 뵈었다.

마치 학교 교과서에 삽화로 실려 있을 법한 집 풍경이었다. 부모님이 쓰시는 안방과 A의 방 말고 또 하나의 큼직한 방이 있었는데, 창문 빼고 전부 책장으로 가득한 서재였다. 거실에도 TV 대신 책장이 있었다.

모임이 있다며 옷을 멋지게 차려입으신 두 분은 "편히 있다가

가요"라는 말을 남기고 나가셨다. 술을 마시며 A의 이야기를 들어보니 아버지는 개인병원 의사, 어머니는 기자를 하다 그만두신 분이었다.

그런데 A의 표정이 이상했다. 부모님 이야기를 할 때면 표정이 어두워졌다. 답답한 것을 견디기 힘들어 하는 것처럼 보이기도 했다. 보고 있는 내가 다 답답해 먼저 물어보았다.

"부모님하고 뭐 문제 있어?"

A는 말하기를 망설였다. 입이 열리기까지 잔이 몇 번 더 오갔다. 술기운이 얼큰하게 올라오고 나서야 A가 입을 열었다.

"내가 하고 싶은 일을 말씀드려도 들어주시질 않아. 처음에 글을 쓰고 싶다고 이야기를 하니까 신문방송학과를 가라, 아니면 교직이수가 되는 과를 가서 취미로 글을 써라. 이렇게만 말씀하시더라. 취직할 수 있는 것부터 생각하라는 거지 뭐."

"서로 충분히 얘기는 해봤어?"

"말이야 해봤지. 근데 결국엔 나 혼자 떠들고 있는데…. 이런 일도 한두 번이지."

처음 보는 모습이었다. 많이 힘들었는지 한 번도 이야기한 적 없었던 자기 어릴 적 이야기와 중고등학교를 거치며 어떤 문제가 있었는지 구구절절 늘어놓기 시작했다.

여기저기 공모전도 넣어보고, 떨어지고 붙기를 반복하며 나름대로 꿈을 키웠고 그걸 기반으로 해서 이야기를 나누려고 준비를 했다고 말하는 친구의 눈가가 조금 붉었다. 그리 준비를 했어도 부모님의 눈에는 차지 않았다.

두 분은 각자의 분야에서 나름 성공한 사람들이었고 자기 자식도 그래야만 했다. '좋은' 대학을 가서 '좋은' 직장에 취직할 생각만 해도 힘든데 글을 쓴다니. 취미로 쓰는 것까진 뭐라 하지 않겠으나 직업으로 글을 쓰고 싶다니. 기자생활을 했던 어머니가 더 많이 반대했었다고 말했다.

"계속 쓰고 싶어?"

"아마 쓸 거 같아."

그렇게 대답할 것 같았다. A는 떨어지거나 말거나 글을 엄청나게 쓰면서 공부도 같이 열심히 하는 친구였다. A가 쓴 소설은 문장과 내용을 떠나 읽는 사람이 그 글을 끝까지 읽게 만드는 힘이 있었다.

남이 글을 가지고 오면 자기 방식대로 읽은 느낌과 소감을 적어서 같이 이야기를 할 정도로 소설을 쓰고 읽는 일에 진심이었다. 내가 2학년 때 등단을 하자 자기 일처럼 기뻐해주었던 친구도 A였다.

"어떻게 하고 싶은데?"

"복수전공이라도 해보고 싶은데 이젠 말 꺼낼 용기도 안 생긴다."

당시 A가 경영학과로 입학했던 대학에는 문예창작학과가 있었다. 내가 지망했던 대학 중 하나였기에 입시나 편입 관련된 자료는 전부 가지고 있었다. 아예 가방에서 노트북을 꺼내 자료를 보면서 이야기를 했다.

A는 가만히 이야기를 들으며 고개를 끄덕거렸다. 그래도 무언가 걸리는지 몇 가지를 물었다. 가장 많이 꺼낸 말은 "내가 설득할 수 있을까?"였다.

그 정도의 마음을 먹고 밀어붙이면서도 여태까지 꺾였던 기억 때문에 아직도 망설이고 있었다. 나는 그냥 등을 떠밀어보기로 했다.

"어차피 안 될 거 같으면, 마지막이라고 생각하고 해본 다음에 때려치우든가. 도와줄게."

이제 아예 술은 옆으로 치워뒀다. 차가운 소주와 맥주병 표면에 맺힌 이슬이 방바닥에 고일 즈음 우리의 계획이 완성됐다. 아예 프레젠테이션을 준비해 밀어붙이는 계획이었다. 하고 싶은 일과 지금 배우는 것의 균형을 맞추어 진행하되, 정식으로 글을 배우고 싶다는 요지의 내용을 초반에 배치하고 복수전공을 하며 얻을 수 있는 것들을 다음으로 놓았다.

학사과정이 끝나고 학위를 취득한 다음 나갈 수 있는 방향을 세 가지 정도로 잡아 마지막으로 놓으며 마무리를 지었다. 술이 어느 정도 들어간 상태에서 잡은 계획치고는 꽤 깔끔하다고 생각했다.

그날 술자리가 끝나고 나서도 메일과 메신저로 자료와 프레젠테이션을 서로 주고받았다. 일곱 장의 프레젠테이션을 완성하는데 일주일 정도 걸렸다. 마지막 날에는 아예 A가 보면서 읽을 수 있는 발표 자료까지 만들었다.

A가 부모님께 말씀드릴 날이 되고, 나는 내 방에 앉아 혼자 속을 태웠다. 안 될 수도 있다. 뜻이 더 완고하게 꺾일 수도 있었다. 나름 철저하게 준비를 했지만, 부모님이 보시기엔 그게 아닐 수도 있었다.

저녁을 훌쩍 넘겨 밤이 된 시간에도 별다른 이야기가 없기에 설득에 실패했구나 생각하고 혼자 술을 마셨다. 뭐라고 위로할지 말을 생각하고 있는데 전화가 왔다.

A였다. 말의 끝이 꼬부라들 정도로 잔뜩 취해 있었다.

"누구랑 마셨어?"

"아빠랑."

"어땠어?"

"성공했다. 한번 해보고 안 되면 포기하래. 그리고 엄마가 너랑 놀지 말라더라. 너랑 놀더니 이상한 거 배워 와서 아주 당황했다고."

우리는 서로 낄낄 웃었다. 프레젠테이션은 대성공이었다. 나중에 A의 집에서 가졌던 두 번째 술자리에선 아예 아버지까지 끼어 셋이 술을 진탕 마셨다.

그때 A의 아버지는 그렇게 말씀하셨다. 자기 아들이 그런 걸 준비할 정도로 글을 쓰고 싶어 하는지 몰랐다고. 자기 주변에도 시인이니 수필가니 하는 사람들이 있지만, 다들 자기 일을 하다 오십이 넘어서 데뷔하고 그러기에 그때 해도 되는 일인 줄 알았다고. A는 2학년을 마치고 군대를 다녀온 뒤 복수전공을 했다.

지금은 4학년이라 졸업논문이니 졸업작품이니 준비하느라 정신이 없다. 가끔 연락이 닿으면 바빠서 아주 정신이 쏙 빠질 것 같아도, 하고 싶은 걸 하면서 시간을 보내니 그렇게 행복할 수 없다고 이야기를 나누곤 한다.

아주 성공적인 사례를 먼저 보셨다. 다행히 A의 부모님이 가지고 있었던 선입견은 A의 피나는 노력과 내 오지랖이 합쳐진 결과물로 어느 정도 사라졌다.

자식이 앞에 놓인 현실과 자신의 미래를 어떻게 운영할 것인지 보여주고, 이렇게 해볼 테니 한번 믿어보시라 밀어붙인 결과물을 부모님이 받아들인 셈이다.

이제 다음 사례를 소개하겠다.

B라는 친구는 대학에 와서 처음 만난 사람이었다. 우리 과도 아니었는데 다른 친구를 통해 알게 된 친구였다. 같이 어울리는 친구들끼리 술도 몇 번 마시며 친해지기 시작했다. 그 그룹 안에 몇 명 없던 흡연자에, 같은 기숙사 건물에 살다 보니 금방 친해졌다.

둘 다 밤새가며 과제를 하고, 퀭해진 눈으로 기숙사 아침밥을 먹고 자러 들어가기도 했다. 1학기가 끝나고 성적이 나왔을 때 4.5점 만점에 4.3점이었으니 학과 공부는 정말 잘하는 친구였다.

그런데 그러면서도 조금 이상했던 점은, 공부는 잘했지만 자기가 공부하는 것에 전혀 애정이 없어 보인다는 점. 흡연장에서 만나면 항상 진저리난다는 얼굴로 과와 과 사람에 대한 푸념을 늘어놓고, 그만두고 싶다는 말만 입에 달고 살았다. 해야 하는 공부니 한다는 느낌이 강했다.

궁금하긴 했지만, 깊은 이야기를 나누기에는 둘 다 시험과 과제에 절어 시간이 별로 없었다. 나중에 시간이 나면 물어봐야지 하며 시간이 금세 지나갔다.

그렇게 1학기 기말고사까지 끝난 날, 천안으로 다시 가기 전 B와 따로 얼굴을 보았다. B의 기숙사 방으로 가니 벌써 상자에 전공 책을 담고 있었다.

"벌써 이삿짐 싸냐?"

"이거 꼴도 보기 싫다. 얼른 담아버리고 말아야지."

"며칠 남았는데 술이나 마실래? 짐은 나중에 싸도 되잖아."

우리는 그 길로 기숙사를 나왔다. 둘 다 주머니가 가벼워 기숙사 후문 쪽에 자주 가던 저렴한 동동주 집으로 갔다. 한잔 들어가자마자 B는 말을 쏟아냈다. 일 년간 대체 내가 뭘 배운 건지 모르겠다는 말부터 시작해 결국 자퇴하고 싶다는 말로 끝이 났다.

아무리 지방의 국립대를 다닌다고 하지만 과에서 성적까지 제일 높으면서 자퇴를 하고 싶다니. 차라리 다른 곳으로 편입을 하든지 다른 방법을 찾아보라고 엄청나게 말렸다. 그러나 B는 내 말을 듣는 둥 마는 둥 하며 술만 마셨다. 설득하기에도 지쳐 나도 그냥 같이 마셔버리고 말았다. 그러다 동동주 두 동이를 마시고 나서야 B가 다시 입을 열었다.

"너는 내가 여기 오고 싶어서 온 거 같냐?"

"그럼 어떻게 온 건데."

B는 빈 잔을 내려놓고 이야기를 시작했다. 중학교 때부터 과학이나 이런 것들을 좋아했고 공부하는 것도 즐겼다. 고등학교 때

까지의 꿈은 연구원이었다.

그러나 부모님이 원하는 진로는 달랐다. 안정적인 직업을 원했던 부모님은 B의 꿈에 대해 현실성이 없거나 너무 힘든 길을 가려고 한다, 주변에서 들으니 돈도 별로 안 되고 나중에 어떻게 될지도 모른다더라, 이런 말만 몇 년을 들어온 것이다. 그날 밤, 만취한 B를 방에 데려다놓고 나도 내 방으로 올라왔다.

B는 그 이후로 휴학을 했고, 2학기가 되기도 전 군대에 갔다. 얼마 전 연락이 닿았을 땐 아예 복학할 생각이 없다고 했다. 어차피 시키는 일이나 하고 안정적인 일자리 잡으라는 말을 듣느니 군대에 뿌리를 박겠다는 말이었다. 스물여섯이 된 B는 이제 '꿈' 같은 이야기를 하지 않았다.

내가 보았던 가장 평균적인 사례다. 슬프게도 그렇다. 부모님들은 자신이 겪어왔던 세월과 듣고 배운 지식으로 현명한 판단을 내린다고 생각한다.

그렇다고 부모님들이 내리는 모든 생각과 판단이 그르다는 말은 아니다. 상황에 따라서 자식의 생각보다 훨씬 좋은 판단을 내릴 때도 있다.

단지 자식이 생각하고 하고자 하는 일이 옳은지 그른지 판단할 때, 자식이 자신의 인생을 살아갈 때 어떻게 생각하고 행동하기를 원하는지 이야기를 나누어보아야 한다는 것이다. 아이가 무슨 말을 하는지, 어떤 행동으로 자신의 의견을 나타내고 있는지 한 번쯤 들어볼 필요성은 충분하다.

자식의 인생이다. 부모는 길을 만들어주는 사람으로 남아야 한다. 자식이 끝까지 그 길을 가도록 대신 운전대를 잡아주는 사람이 아니다.

가족의 말하기

II

“싸움과 화해, 그리고 대화”

엄마의 이야기

1. 다들 알고 있지만 하지 않는 것

부모님들이 이 부분을 읽는다면 여러 생각이 드실 것이다. 이해와 인정. 말은 참 쉽다. 그런데 생각을 거듭할수록 물음표가 점점 많아질 것이다.

부모님의 입장에선, '내가 완벽히 내 아이를 이해하나?' 그리고 자식의 입장에선, '내가 완벽히 부모님을 이해하나?' 개인이 가진 가치와 생각을 완벽히 이해하고 있는지와 같은 철학적 질문까지 다다르면 책을 덮고 싶어질 수도 있다. 쉬운 것 같은데 파고들수록 어려운 지점이다.

그만큼 우리에게도 어려운 문제였다. 그러나 꼭 이야기하고 싶은 주제였기에 내가 며칠을 조르고 졸랐다. 원래 둘 다 수다스러운 성격이라 말이 많았지만, 이 대목에 이르러서는 하루에 산책을 두 시간씩 하며 토론을 해도 쉬이 결론이 나오지 않았다.

대화와 생각의 시간을 거친 뒤 나름대로 서로의 결론을 내렸다. 그 대화와 생각에서 나왔던 의견들을 큼직하게 묶었다.

2. 어떤 순간에 부딪히는가?

부부관계나 부모 자식 간의 관계에 있어 서로가 믿지 못하고 의심하다 보면 서로 부딪히는 것이 아닐까. 특히 부모가 자녀를 바라볼 때 CCTV가 된 눈으로 일거수일투족을 감시하면서 자신의 관점에서만 바라보고 이야기할 때 부딪히지 않을까! 컴퓨터를 하는 모습만 보아도 "공부 안 하고 게임만 하니? 게임 좀 그만해라." 다른 일을 하다 잠깐 누워 있는 것을 보면 "너는 잠만 자니?" 하며 한심스러운 눈으로 쳐다보거나, 전화 통화를 하는 것이 좀 길다고 느껴지면 "너는 할 일이 많은데 하지 않고 매일 핸드폰만 쳐다보고 통화만 하니?"라는 식의 지적하는 대화법이 시작이라고 생각한다.

자식을 부모의 소유물인 것처럼 생각하고 부모의 의지대로 방향을 제시하며 무조건 그대로 따라오라고 할 때 의견 대립은 일어나게 마련이다.

기억해보면 나도 자랄 때 부모님하고 그런 의견 충돌이 많이 있었고 그로 인해 힘들어했던 시기가 있었다. 그리고 나도 아이를 키우면서 이런 일들이 비일비재했다.

자식이 컴퓨터를 하기 전에 뭘 했는지, 누워 있기 전에 뭘 했는지, 전화를 들고 있기 전에 뭘 했는지 부모는 잘 모른다. 상대의 입장을 배려하지 않고 눈앞에 보이는 것만 보고 자신이 생각한 대로 기분 나쁘게 말하면 상대가 누구든 좋게 받아들이기 힘들다. 또한 사람들은 누구나 다 하기 싫은 일을 해야 하거나 상대가 시켜서 억지로 일을 해야 할 때는 짜증이 날 수밖에 없다. 받아들이는 상대방도 짜증 내며 반응을 할 수밖에 없다.

더구나 부딪히는 상대와의 관계에 따라 정도의 차이는 있을 것이다.

1994년 아들이 태어나기도 전에 시작한, 개인사업자였던 공방을 2016년에 법인인 주식회사로 전환하고 예비 사회적기업으로 진입하기 위한 작업을 할 시기였다. 나는 말할 것도 없고 아들 또한 모르는 분야의 일을 해야 하다 보니, 우리 둘은 엄청나게 부딪히게 되었다.

사실 나도 내 마음대로 안 되니까 짜증이 났고, 아들 또한 잘 모르는 분야이기도 하고 자신도 처음 해보는 일이기도 하다 보니 생각처럼 잘되지 않아서 짜증이 났을 테다. 그때는 둘 다 지쳐서 서로를 이해하려는 노력을 별로 하지 못했다. 서류를 만들다가 아무 일도 아닌데 표정이나 말투만으로 시비를 걸고 정말 많이 싸웠다.

어느 때는 서로 하던 일을 내팽개쳐두고 나가버리는 일들이 종종 벌어지곤 했다. 그때 만약 누군가 우리를 보았다면 가족이라고 생각하기보단 좀 닮은 원수 정도로 생각했을 것이다.

아들의 입장에서 생각해보면 자신의 일도 아니고 엄마 일을 도와주는 것이라고 생각하면 하기 싫었을 수 있다. 그래서였을까. 우리는 시작도 하기 전부터 얼굴과 목소리에 짜증과 신경질이 꽉 차 신경전을 벌이기 일쑤였다. 감정 조절을 잘 못하고 이런 일들이 반복되다 보니 일을 시작하는 것들이 겁부터 났었던 시기가 있었다.

3. 화해의 손길을 내미는 방법

시간이 약이라고 했던가. 그러나 너무 오랜 시간을 화를 곱씹어가며 시간을 끄는 건 좋은 방법이 아닌 것 같다. 우리가 화해하는 방법은 이랬다. 화가 많이 났을 때는 서로 자리를 피해서 잠시 혼자 있는 것도 도움이 되었다.

잠시라도 혼자 생각을 정리하다 화가 좀 수그러들면 우리 모자는 그냥 밖으로 나가자고 한다. 말없이 걷다 보면 발길이 자연스럽게 향하는 곳은 서점 근처 극장이다. 먼저 제일 늦은 시간대로 영화를 예매하고, 서점으로 가서 시간을 정해놓고 따로따로 보고 싶은 책을 보며 시간을 보낸다.

한참을 그러고 있으면 서로 자연스럽게 찾는다. 어느 쪽에 있느냐고. 영화 시작 전 저녁 메뉴를 정하러 돌아다니다 보면 언제 싸웠는지 이미 웃고 있다.

영화가 끝나고 집으로 돌아오는 길엔 영화를 보고 느낀 점, 좋았던 점, 감동, 실망 등을 이야기하며 걷는다. 극장에서 집으로 돌아오는 길을 걸으며 오늘 있었던 일들에 대하여 화해가 자연스럽게 이루어진다.

걷다 보면 이미 화해의 손을 맞잡고 있다. 이럴 때 오늘 있었던 서로의 감정에 대하여 이야기하고 사과할 일이 있으면 앙금이 남지 않도록 이야기를 정리한다.

요즘은 아들이 나이가 들고 이런저런 경험이 많아지다 보니 의견 대립으로 싸울 일도 별로 없기도 하지만 이제는 내가 아들에게 많이 배우고 아들의 의견을 따르는 편이다. 가족관계라도 서로 오해가 있다면 그 오해의 매듭은 꼭 풀어야 한다고 생각한다.

4. 대화와 훈계의 경계

언제부터 아이와 훈계가 아닌 대화를 하였을까!

대화란 둘 이상의 실체 사이의 상호적인 언어 소통이다. 무조건 들어주는 것도 아니고 무조건 나의 의견을 심어주는 것도 아니고, 특별히 목적 없이 떠드는 것이다.

오늘 있었던 일들, 오늘 만난 사람들, 친구와 있었던 사소한 일들에 대해 어떤 결과를 내어야 하는 것이 아니고 그냥 고개를 끄덕여주고 "그랬구나" 하는 말로 마무리하는 것, 그것이 대화이다. 그렇다면 우리는 자녀와 얼마나 많은 대화를 하며 살고 있을까! 대화를 하고 있다면 어떤 방식으로 하고 있을까!

그 대화의 시간을 아이는 좋아하고 즐기고 있을까! 대화를 한다고 하지만 혹시 훈계를 하고 있지는 않을까?

훈계란 타일러서 잘못이 없도록, 다시는 똑같은 잘못이 반복되지 않도록 주의를 주는 것인데 우리들의 생활을 곰곰이 생각하며 뒤돌아보았을 때 우리 어른들은 아이에게 진심 어린 대화를 하고 있다고 생각했던 것도 우리 아이들은 훈계라고 받아들이고 있지 않을까?

이것은 직장이나 사회생활에서도 마찬가지다. 함께 대화하는 사람들이 이 시간을 기다린다면 대화의 시간이었을 것이다. 그 시간을 기다리지 않고 피한다면 그것이 훈계라고 하여야 할까. 이것은 정말 곰곰이 생각해봐야 할 문제이다. 잘못하면 요즘 말로 꼰대가 될 수 있다.

이것은 나와 아들과의 대화법이다. 우리는 둘 다 여행하는 것을 좋아하는데 여행이란 것이 그렇게 거창한 것은 아니다. 타 지역에 일정이 있어 일하러 가야 할 경우, 아들과 일정을 조율하여 스케줄을 짜고 숙소를 정하여 함께 즐기는 것이다. 자영업의 특성상 시간을 많이 낼 수는 없지만, 시간 조절이 자유로우니 가능한 일이기도 하였다.

아들이 고등학교 1학년 여름방학 때 일이다. 내가 서울 인사동에 있는 미술관에서 전시회 일정이 있었는데 1박 2일이 소요되는 일이었다. 아들과 미리 나의 일정을 공유하고 시간을 맞춰 함께 숙박도 알아보고 근처 맛집, 다녀볼 만한 여행지를 체크하며 함께 여행계획을 세운다. 내가 일을 하는 시간에는 혼자서 하고 싶은 것을 하고, 둘이 함께 있을 때는 걸으며 이야기를 나눈다.

종로의 어느 거리 정독 도서관 부근 골목길을 걸으며 우리가 살지 않았던 그 시대를 상상하며 떠들던 수다는 정말 잊을 수 없는 날들이었다고 회상한다.

골목골목마다 다닥다닥 붙어 있는 집들, 여기에 어떻게 이런 집들이 지어졌고 어떤 사람들이 어떤 모습으로 살았을까. 그곳에서 살던 많은 사람들은 지금은 어디로 떠났을지, 작은 상점들이나 또 다른 모습의 삶의 형태로 유지되고 있는 모습에 대한 나름대로의 의견과 상상력에 의한 수다.

지금도 그때처럼 여행을 가고 싶다고 늘 이야기하지만 쉽지만은 않은 일이다. 정말 누군가와 소통과 대화를 하고자 떠나는 여행이라면 둘이 떠나는 것을 권하고 싶다. 아이와 엄마 또는 아빠와 단둘이 떠나는 여행은 서로가 서로를 알아가는 좋은 기회가 될 것이다. 가족이 모두 함께여도 좋지만 둘이 하는 시간 속 대화는 또 다른 느낌일 것이다.

5. 도대체 우리 자식은 무슨 생각으로 살까?

현재를 살아가는 아이들 중에 게임을 하지 않고, 또 게임을 싫어하는 친구들이 과연 얼마나 될까! 아이들뿐 아니라 어른들까지 게임의 분야도 다양하게 즐기고 있다.

그리고 접근 방식이 쉬워져서 누구라고 말할 것도 없이 많은 사람들이 스마트폰과 컴퓨터 게임에 빠져 있다.

어찌 보면 사회적 분위기나 주변 환경을 고려해보면 그럴 수밖에 없는 것 같다. 현재 학부형의 나이를 고려해보면 그들도 게임을 즐기며 살아온 세대이며, 지금도 습관처럼 자연스럽게 생활 속에서 게임을 즐기며 살고 있다.

그리고 스마트폰이 생활의 전반을 책임지고 있는 현실에서 너무도 쉽게 접근할 수밖에 없다. 아기들도 태어나서 인지 능력이 조금 생기면 유모차에 누워 손가락으로 스마트폰을 터치하는 세상이니 말이다.

두어 살 정도 되면 스마트폰으로 만화나 동영상을 유튜브로 보며 자연스럽게 전자기기에 가까워진다. 이런 모습은 식당이나 공공장소에서 흔하게 볼 수 있다.

심지어 요즘 학교에서는 태블릿 PC를 배치해 그것으로 수업을 진행한다. 교실 뒤편에 있었던 사물함 대신 태블릿 PC 보관함이 있는 시대다.

이런 환경에 살아가는 아이들에게 무조건 못하게 한다고 막을 수 있을까! 그렇다면 어떻게 해야 하는 걸까. 이 부분은 많은 사람들의 고민일 것이다.

현실적으로 가상현실(메타버스, 제페토 등)의 다양한 프로그램들이 일상 속에서 다양하게 사용하고 있고, 학습에 사용되는 프로그램도 다양하게 활용되고 있기에 무조건 못하게 하는 것도 답은 아닐 것이다. 그렇다면 어떻게 해야 할까?

부모가 게임을 즐긴다면 아이는 자연스럽게 배울 수밖에 없다. 성장하면서 친구들과 어울리는 그 시기에는 유행하는 게임들을 모르면 친구들과 소통이 안 된다고 생각하게 된다.

그런데 "무조건 하지 말아라"라고 극단적으로 말할 것이 아니라 어려서부터 친구나 부모와 협상하는 습관을 가져야 한다고 생각한다.

나 또한 그랬던 것 같다. 시간을 정해주고 미래에 본인이 좋아하는 일을 하기 위해서는 하고 싶어도 본인 스스로 자제할 수 있는 힘을 길러주어야 한다.

처음부터 부모의 강요에 의해서가 아니라 스스로 우선순위를 정해놓으면, 과하게 빠져들었다가도 좀 심하다 생각이 들면 스스로 아닌 것 같다고 생각하여 시간의 차이는 있겠지만 제자리로 돌아온다. 그리고 자제하는 힘이 생긴다.

하지만 무조건 윽박지르고 부모의 입장에서 눈앞에 보이는 대로 막말을 하고 과격한 행동을 하면 처음에는 안 하는 척하여도 부모 모르게 숨어서 하는 방법을 찾는다. 거짓말로 위기를 넘겨가며 말이다. 이런 방식으로 시간이 많이 흐르면 감당하기 어려운 상황이 되기 쉽다. 부모도 아이도.

아이들이 혼자 있는 시간이 많아지고 부모가 직장생활에 바쁘다 보면 '아이가 스스로 알아서 하겠지' 하고 무관심해질 수 있다. 그러다가 어떤 좋지 않은 상황이 벌어지게 되면 강압적인 말과 행동을 보이고, 부모 사이에 책임을 전가해가며 다투는 일들이 반복되고, 이런 일이 자주 반복되면 불안한 가정환경을 자주 접하게 되는 아이들은 자기만의 세상에 빠지게 된다. 어쩌면 현실 도피다.

아이가 초등학교 다닐 때 일이다. 나 또한 바쁘다는 핑계로 아이가 스스로 알아서 하겠지 하고 내 일에 더 중점을 둔 적이 있었다. 그때 아이는 세상 속으로 정체성을 잃고 정신없이 빠져들어 가는 시기가 있었다.

순간 아차 싶어 아이 혼자 있는 시간을 줄이고 아이와 함께하는 시간을 많이 갖는 계기가 되었다. 나는 일을 줄이고 하교 시간 이후와 주말에는 아이와 함께 시간을 보냈다. 집에 있기보다는 밖에서 함께했다. 친구들과 함께 노는 시간에는 시간을 정하도록 하고 스스로 지킬 수 있게 기다려주었다. 그리고 최소한 일주일 정도의 일정을 서로 이야기하고 일정이 없는 날은 무엇을 할 것인지 의논해서 정했다.

이런 습관은 지금도 지켜지고 있다. 내 자식이 어리다고 그 아이의 약속을 무시하거나 내 마음대로 정해놓고 따라오라고 한다면 시간이 흐를수록 아이는 부모와 함께하는 것을 싫어하게 되고 나중엔 부모와 놀아주지 않는다.

아이와 오래도록 소통하고자 한다면 이야기를 잘 들어주고 그 아이의 세상을 인정해주면 스스로 자신의 미래를 위해 생각하는 힘이 단단해진다.

그리고 살면서 힘든 일이 생기면 부모를 찾고 의논하게 된다.

어떤 일이든 거짓 없이 가족에게 의논하는 습관은 가족 사이에 불신이 자리 잡지 못하게 하는 아주 좋은 습관인 것 같다.

아이들이 자신의 정체성을 찾기 위해 방황하는 시간 동안 자식이 게임에 빠져 있는 모습이나 이해 불가의 행동을 하는 것을 바라볼 때 기분 좋은 부모는 아마 없을 것이다. 다만 그들의 세계를 인정해주면 조금은 마음이 편안해지더라.

6. 이해도, 인정도 너무 힘들다(특별한 취미생활)

우리는 얼마나 가족의 취미생활을 이해할 수 있을까!

남편이든, 아이, 형제, 부모든지 정말 "너의 행동은 이해가 안 된다"라고 말하는 일들이 있을 것이다. 나 또한 나름대로 소통을 잘하며 산다고 생각하는데, 아이가 좋아하는 그 취미생활은 정말 이해하기 힘들었다.

중학교 3학년 무렵부터 시작된 서바이벌 게임이다. 처음엔 자주 가는 것도 아니고 스트레스를 해소하는 일이라 생각되어 이해하려 했는데 점점 정도가 심해졌다.

세상이 꽁꽁 얼어버린 엄청 추운 겨울날이였다. 평일 학교 가는 날에는 깨워야 겨우 일어나는데 그곳에 가는 날은 새벽같이 일어나서 한가득 짐을 짊어지고 나간다.

날씨가 추우니 저녁엔 일찍 들어오겠지 하고는 밖에서 들어오면 춥고 배고플까 걱정되어 뜨끈하게 찌개를 끓여놓고 기다리는데 생각보다 늦어졌다.

결국 걱정이 짜증이 되어 피곤한 표정을 하고 집으로 들어오는 아들에게 화를 냈다. 그날 저녁은 어쩌면 가족이 아닌 원수처럼 느껴졌을 것이다.

나는 아들의 취미생활을 전혀 이해하지 못하는 것은 아닌데 어느 땐 볼멘소리를 할 수밖에 없었다. 꼬리꼬리하고 이상한 냄새가 풀풀 풍기는, 어디서 사 왔는지 주워 왔는지 모를 군복과 군화, 군인들이 사용하는 이름을 알 수 없는 것들, 크기도 다양한 총기들이 쌓여 있는 정리되지 않은 방, 그리고 장소를 가리지 않고 굴러다니는 비비탄 총알들.

그 광경을 보고 잔소리를 하면 자기 방에 들어오지 말라고 짜증을 내고 결국은 서로 큰소리를 내고 만다. 어떻게 어미가 아들의 방에 안 들어가고 그 꼴을 보고 잔소리를 안 할 수 있을까.

사실 지금도 아들은 그때 서바이벌 게임을 함께했던 사람들과 꾸준하게 연락을 하며 지낸다. 그때는 정말 이해도 안 되고 인정할 수 없는 일이었다. 나이 차이도 많이 난다는 그 사람들도 이해가 되지 않았다.

하지만 시간이 흐른 후 생각해보면 그 사람들에게서 내가 해줄 수 없는 다른 영역을 배우고 성장했다는 것을 느끼면서 무조건 내 마음에 안 든다고 해서 반대해서는 안 된다고 생각한다.

우리가 태어나고 자란 시대와 아들이 태어나고 자란 시대의 환경이 완전하게 다른데 마치 어른인 내가 무조건 다 알고 있는 것처럼 반대하고 나의 작은 세상에 가둬 키우려 했던 것은 절대 옳은 일이 아니었다. 어쩌면 그것은 나의 고정관념 속에 아이를 가두어두는 멍청한 짓이었다.

아들의 이야기

1. 게임, 이래서 합니다

먼저 어머니가 제시했던 질문들에 대해 물어보았을 때, 가장 많이 나왔던 의견들로 추려보면 아래와 같았다.

- 이해는 하는 것 같은데 인정은 모르겠어.
- 도대체 이게 나중에 어디에 왜 필요하다는 거야?

앞서 부모님의 의견은 긍정과 부정이 각각 하나씩 나왔다. 그러나 자식의 의견은 애매한 느낌이 하나, 부정이 하나로 긍정적이지 않은 부분에 가까웠다.

왜 이런 결과가 나왔을까? 왜 부모님 의견 중 하나는 '가족'이라는 이유로 아이를 완벽히 이해하고, 인정한다고 생각하고 있을까? 왜 자식의 의견은 더 부정적일까?

실생활에서 가장 많이 부딪히는 것들로 예시를 들어서 천천히 살펴보자.

게임이라는 단어만 봐도 지긋지긋하다는 부모님들, 분명히 계실 것이다. 조금만 참고 읽어보시길 권한다. 내 생각에 이것이 10~20대의 자녀들과 부모님이 가장 많이 부딪히는 지점이다.

아이들이 가장 많이 하는 게임 종류(배틀그라운드, 리그 오브 레전드, 로스트아크 등 무료 온라인 게임)는 기본적으로 다른 사람들과 함께 게임을 하게 된다.

배틀그라운드 같은 경우, 대부분 동시에 100여 명의 사람과 함께 떨어져 경쟁을 통해 1등을 뽑거나, 1등 팀을 뽑는 형식으로 게임이 진행된다.

리그 오브 레전드도 마찬가지다. 5대 5로 만나 승리를 위해 경쟁한다. 로스트아크와 같은 대규모 온라인 게임의 경우는 하나 혹은 복수의 강력한 적군을 잡기 위해 협력하는 구조가 주를 이룬다.

국내와 국외를 가리지 않고 수많은 사람이 즐기며, 유튜브와 트위치(전 세계 인터넷 방송 플랫폼) 등 게임의 전체적인 내용을 짧고 쉽게 영상물로 접하기 쉬운 게임들이다.

배틀그라운드, 리그 오브 레전드와 같이 플레이어들 간의 경쟁이 주가 되는 게임은 강력한 팬덤과 국제적 E-스포츠 리그 등을 기반으로 프로게이머들이 활동 중이다. 게임을 즐기는 자식들에게 그들은 연예인이다. 선망의 존재이자 하나의 지향점이 되기도 한다.

예로 든 세 게임 모두 연령층을 가리지 않고 보편적으로 즐기는 게임이다. 특히 10~20대의 경우 어울리는 친구들 그룹마다 즐기는 게임이 달라 세 가지 게임을 전부 하는 사람도 있다.

나 말고 다른 사람들의 생각을 더 들어보고 싶었다. 그래서 예로 든 게임들을 1천 시간 이상 플레이한 친구들을 모았다. 그렇게 긴 시간을 기준으로 잡은 이유는 이렇다.

그렇게 오래 할 정도로 그 게임에 푹 빠져 있다면, 장단점을 명확히 짚어낼 수 있기도 하겠거니와 아래 질문에 잘 답변해줄 수 있겠다는 생각이었다.

그렇게 모아 보니 원래 알던 사람 중 10명 정도가 조건에 맞았고, 친구의 친구처럼 소개받아 만난 사람들까지 하면 40여 명 정도가 모였다.

핵심 질문은 딱 아래 두 가지였다.

- 왜 하냐?

- 뭐가 재미있는 부분인 거야?

두 가지 질문에서 총 세 종류의 답변이 나왔다. 그중 가장 빠르고 많이 나왔던 단어는 '흥미'였다. 일단 재미있으니까, 캐릭터가 맘에 드니까, 누군가와 함께 특정한 상황에서 한다는 것 자체가 재미있으니까 등등 사람의 기초적인 욕망을 건드리는 점에 끌린다는 말이었다.

요즘 게임들은 웬만하면 눈길을 잡아끄는 캐릭터나 스토리, 그래픽과 같은 부분에 사활을 걸고 나온다. 어느 한 분야에서 두각을 드러내지 못하면 대기업 게임이더라도 인기를 끌지 못하고 사라지기 때문이다.

두 번째로 많이 나온 단어가 가장 흥미로웠는데, '소속감'이었다. 사람들과 함께 플레이하는 게임들의 경우, 꼭 게임 내에서 다른 직업을 가진 사람들과 팀을 이루어 깨야 하는 항목을 넣어둔다.

게임이 추구하는 방향성이나 팀원의 성향에 따라 살짝 다르나, 대부분은 4~6인 사이로 방어, 공격, 지원 등 각자의 부분을 나누어 보완하는 구성으로 이루어진다. 그런 구성을 짜는 이유는 간단하다. 눈앞에 있는, 혼자 잡을 수 없는 강력한 적군을 잡고 좋은 보상을 얻는 것이다.

그 일련의 과정을 이루며 사람들은 친해지기도 하고 싸우기도 한다. 갈등이 벌어진다는 것은 '대화'가 성립되고 있다는 증거다. 공통된 매개체와 관심사 속에서 지속적인 대화가 이루어지면 관계가 성립되기 시작한다.

비슷한 부분을 가진 사람들이 으레 친해지기 쉽다는 것은 부모님들도 잘 알고 계실 것이다. 대한민국은 학연, 혈연, 지연 그리고 흡연으로 이어져 있다는 농담도 있지 않은가.

담배를 피우는 사람들이 함께 나가 한 대 피우며 대화가 이어지고 자연스럽게 친해지듯, 그 과정이 게임 내에서도 이루어져 친밀감이 생기고 그런 사람들이 뭉쳐 강해진다.

자연스럽게 강해지는 팀들은 동경의 대상이 되고 함께 게임을 해보고 싶다는 욕망을 가지게 만든다. 함께하고 있는 사람들에게서 역할과 능력을 인정받으면 소속감이 생기는 것이다.

소속감이 생긴 사람이 어떤 모습을 가지는지 부모님들은 잘 알고 계실 테다. 간단히 예를 들어 회사 안에서 업무 능력을 인정받은 사람은 더 높은 자리에 올라가고 싶다는 목표가 생기고 그것을 달성하기 위해 자신의 장점을 더 갈고닦는다.

그러면서 함께하는 동료와의 유대감, 회사에 대한 소속감이 커지기 마련이다. 이런 현상은 어느 분야에서나 생기며, 그로 인한 만족감은 쉽게 대체하기 힘들다는 것 역시 잘 알고 계실 것이다.

게임 그 자체보다 그 속에서 만난 사람들이 좋아 게임을 한다는 친구가 있었다. 벌써 국내 서비스를 시작한 지 20년 가까이 되어가고, 그 친구는 초등학생 때부터 그 게임을 했으니 그에게는 떼려야 뗄 수 없는 세상인 셈이다.

나도 중학생 때 그 게임을 해보았는데, 전투를 중심으로 하지 않더라도 경작이나 도구 제작, 연주 등 평화로운 것으로도 충분히 즐길 수 있었다.

최고 레벨 캐릭터만 수십 개가 있는 그 친구는 게임에 접속하면 같은 팀원들과 모여 모닥불 앞에 앉아 악기 연주를 하며 일상 이야기를 한다.

보통 부모님이 생각하는 게임, 그러니까 피가 튀고 서로를 죽이지 못해 안달이 난 듯 욕을 하고 그러는 게임과는 많은 차이가 있다.

소속감과 함께 많이 등장한 세 번째 단어는 '인정'이다. 나는 무엇에 강하고 너는 무엇에 강하니 함께하면 못 이길 것이 없다는 '상호보완적 관계'가 성립하는 순간 서로를 인정하게 된다.

흥미와 소속감이 생기는데, 그 안의 사람들이 나를 인정해준다. 학교와 학원, 가족 등 기존의 관계에서 받지 못했던 감정들로 인해 아이들은 게임에 빠져들 수밖에 없다.

그런 것들을 잘 모르는 부모님들은 무조건 혼을 내고 게임을 금지시키고, 컴퓨터에 게임 제한이나 이용 제한 프로그램을 설치한다. 행동에 제약이 걸린 아이들은 그것을 어떻게든 뚫어서 게임을 하거나, 깔끔히 포기하고 PC방으로 자리를 옮긴다. 부모님은 아이가 왜 저러는지 모르겠다며 게임에 모든 원인을 돌린다.

이때 아이들은 '나를 이해하긴 하는 거야?' '도대체 우리 엄마, 아빠는 왜 저러는 거야?'라는 생각에 더 밖으로, 게임으로 돌기 시작한다.

서로의 입장과 생각에 대한 이해, 한 가지 주제에 대한 서로의 시각을 나누는 대화가 부족하니 결국 평행선을 달리기 시작하는 것이다.

게임에 장점만이 있는 것은 아니다. 서로에게 모욕적인 욕설을 이어가고 집단 따돌림을 하는 게임과 사람들이 분명 존재한다. 오히려 그런 것이 자신들의 고유한 문화인 양 새로 유입되는 사람들과 기존에 있던 다른 사람들에게 강요하고 자신들의 문화에 참

여하지 않는다면 따돌리는 경우도 발생한다. 그런 것에 상처를 입고 게임을 접는 사람들도 많다.

그런 경우에는 합당한 조치가 필요하다. 아이가 어떤 게임을 하는지, 왜 좋아하는지, 부모님의 시선에서 왜 그 게임을 하지 말아야 하는지, 혹은 왜 게임 시간을 조절해야 하는지 대화를 한 뒤 조치가 필요하다. 제대로 된 의견 교환이 없는데 개선을 바랄 순 없다.

나의 경우 온라인 게임을 잘 하지 않는다. 국내에서 서비스하고 있는 일부 온라인 게임의 경우 과한 결제를 유도한다든가, 특정한 상황에서 필요한 기술과 직업이 있는 등 외부의 정보가 필요한 경우가 많다.

팀원들과 유기적인 플레이로 시시각각 벌어지는 상황에 빠르게 대처해야 이길 수 있는 게임의 경우엔 한 사람의 손이 느리면 다른 사람들까지 피해를 받는 경우도 많이 발생한다. 하루를 마무리하고 스트레스를 풀기 위해 켠 게임에서 오히려 더한 스트레스를, 나뿐만 아니라 다른 사람들까지 스트레스를 받아버리는 기묘한 상황이 오는 것이다. 그런 상황이 피곤해 다른 방식의 게임, 주로 느긋하게 이야기를 즐길 수 있는 게임들로 스트레스를 푼다.

어쨌든 게임을 즐기는, 지금까지도 즐겨 하는 게임이 있는 이십대의 한 사람으로서 게임은 부모님들의 생각보다 해롭지 않다는 것을 말씀드린다. 오히려 잘만 이용한다면 건전한 스트레스 해소 방법이다.

2. 특별한 취미, 이래서 했습니다

그리고 아까 어머니가 먼저 쓰신 서바이벌 게임, 이것에 대해서는 참 할 말이 많다. 우리는 컴퓨터 게임보다 이 주제로 대판 싸웠었다. 생각해보면 나는 그때 컴퓨터 게임보다 직접 몸으로 뛰는 이 서바이벌이라는 것에 더 큰 관심을 가지고 있었다. 동일한 취미를 가진 사람들끼리 모여 하는 이야기는 얼마나 재미있던지. 어찌 보면 운동한다손 치고 내버려두셨을 수도 있는 문제다. 그러나 여기서 왜 어머니와 내가 부딪히게 되었을까.

서바이벌을 처음 시작한 것이 중학생 때였는데 그때는 변변한 수입이 없으니 용돈을 모아 장비를 사곤 했다. 다들 주머니 사정이 그러니 시장에서 주로 장비를 샀다.

가장 많이 갔던 곳이 평택과 송탄의 미군부대 근처였는데, 국군 용품보다는 1980~1990년대 구형 미군 군복이나 장구 종류가 많았다.

군대를 다녀온 사람들이라면 익숙할 X반도와 탄띠, 탄입대, 가죽 군화 같은 것들이 산더미같이 쌓인 상점이었다. 신나게 사이즈에 맞는 것들을 골라서 보고 사다 보면, 몸에도 그 특유의 '짬내'가 배었다. 상대적으로 가격이 저렴한 실물인 만큼 청결은 별로였으니 어쩔 수 없었다.

냄새에 둔감했던 나조차 좀 냄새가 난다고 생각했으니 민감한 어머니 코에는 아주 고역이었을 테다. 세탁기에 빨 생각은 못하고 대충 손빨래를 해서 몰래 드라이기로 말리고 방에 숨겼다.

당장은 대충이라도 빨래를 했으니 냄새가 덜할 테지만, 세탁하기 어려운 군장들에서는 그 냄새가 그대로 났다. 그렇다고 군장을 버리자니 게임 때 쓰는 무전기, 탄알집 같은 것을 넣어둘 곳이 없었다.

게다가 사이즈는 왜 이렇게 애매한 건지. 에어소프트 장비들은 실제 총기와 사이즈가 미묘하게 다르다. 그래서 같은 종류의 홀스터(권총이나 탄알집을 넣어두는 장구)인데도 어떤 것은 총이 들어가고, 어떤 것은 들어가지 않았다. 중고로 팔고, 팀원들끼리 서로 바꾸기도 하며 조금씩 쌓였다.

거기에 총들. 나는 긴 소총보다 권총을 더 좋아해 몇 자루를 가지고 돌아가며 썼다. 80년대 홍콩 영화의 주인공마냥 맨 앞에서 권총 두 자루를 들고 온 산을 뛰어다니기도 했다. 탄이 덜 들어가니 탄창을 더 사야 했지만 그때 내 돈으로 막 사기에는 부담이 있었다.

그래서 '비비로더'라고 부르는, BB탄을 담아서 쓰는 장비와 전용 가스 캔을 가지고 다니며 탄알집 두어 개로 게임을 뛰었다. 나중에 게임이 끝나고 필드에서 장구를 정리했는데도 집에 와 짐을 풀면 어딘가 끼어 있던 BB탄들이 하나둘씩 툭툭 굴러나왔다. 아무리 털어도 꼭 기어나왔다가 꼭 어머니 발에만 밟혔다.

그런 감정들이 쌓이고 쌓였다 터진 것이 그 겨울날이었다. 평택까지 전철을 타고 가야 해서 새벽 6시에 나갈 때부터 날이 엄청나게 추웠다. 전동 총은 배터리가 방전돼 나가질 않고, 다른 총들은 작동부가 얼어 고장이 날 정도였으니 영하 십오 도는 족히 되었다.

그런 날씨에도 좋아서 계속 뛰다 보니 오후 네 시가 되었다. 얼른 짐을 싸 평택역으로 가니 아뿔싸. 굵어진 눈발에 전철 급행에 지연이 생겨 있었다. 삼십 분이면 가는 것을 플랫폼에서 거의 삼사십 분을 기다려 간신히 탔다.

타고 나서도 전철은 영 속도를 내질 못했다. 역에 내려도 버스와 택시는 막힌 길에 올 줄을 몰랐다. 어쩔 수 없이 거의 사십 분을 걸어 집까지 갔다.

시간은 지나고 지나 일곱 시. 전화기도 방전이었다. 자기 몸통만 한 짐을 잔뜩 지고 걸어가는 모습은 내가 생각해도 거지꼴이 따로 없었다.

그렇게 걸어서 집에 가니 밥을 차려두고 기다린 엄마의 표정과 말이 고왔겠는가. 눈 많이 온다, 어떻게 될지 모르니 준비 잘하고 다녀라, 굳이 그걸 오늘 같은 날에 나가서 왜 고생을 하느냐는 어젯밤 엄마의 말이 하나 틀린 것이 없었다.

알았다, 미안하다고 말은 하는데 하도 뛰어다녀서 그런지 앉을 때도 밥을 뜰 때도 아이고 소리가 절로 나오게 힘들었다. 그러니 엄마 목소리는 더 커지고 내 목소리는 더 기어들어갈 수밖에.

여름에는 더했다. 하루 종일 산을 뛰어다니며 흘린 땀에 쉰내가 진동해 옷을 갈아입어도 전철 안에선 눈치가 보이는 상황이 종종 있었다.

모기에 풀벌레 등등 온갖 벌레에 물린 상처가 늘어만 가는데, 원래 흉이 잘 남는 피부라 그대로 흉터가 되기도 했다. 그런 것이 어머니 눈에 좋게 보일 리가 있겠는가.

그런데도 나는 지금도 서바이벌 팀원들과 계속 연락하고 지낸다. 일이 바빠 게임을 못 나간 것이 삼 년이 다 되어가지만, 언젠간 나가리라 호시탐탐(?) 기회를 엿보고 있다.

얼마 남지 않은 장비들도 아직 창고와 방에 나누어서 두었다. 그만큼 재밌다. 좋은 사람들과 취미를 공유하고, 다른 사람들이 모여 게임을 뛰는 것이 그렇게 즐겁다.

나뭇가지에 긁혀 피부에 흉터가 남고, 여름엔 땀에 절고 겨울엔 꽁꽁 얼어서 집에 돌아와 몸살이 나도 그게 그렇게 재미있다. 지금은 그 취미를 하며 즐거워하는 내 모습을 어느 정도 이해해주신다. 물론 게임을 다녀와 다음 날 몸살에 조금 끙끙거리고 있으면 핀잔과 걱정 섞인 말이 돌아오기는 하지만, 그것이 걱정에서 비롯된 말인 것을 알기에 뒤통수 한번 긁적이고 끝이 난다.

나는 이것이 사소한 것에서부터 시작하는 이해라고 생각한다. 서로 나빠진 감정과 각자의 피곤함에 평행선을 달리다 누군가 내민 손, 말 한마디에 조금씩 가까워진다. 상대방이 나의 기분은 신경도 쓰지 않고 행동하는 것이 아니라 나름의 이유를 가지고 행동을 하고 있었다는 점.

이제 서로의 기분을 알고 배려하며 행동할 것을 안다면 그 순간 서로 간의 이해가 시작된 것이다.

그 찰나의 순간, 그 순간을 찾기만 한다면 첫발은 내딛은 셈이다. 첫술에 배부르냐는 말도 있지만 시작이 반이라는 말도 있지 않은가. 그 순간과 지점, 그 안에서 나오는 감정을 경험했다는 것이 가장 중요하다. 한번 겪은 긍정적인 감정은 분명 다시 찾을 수 있다. 머리는 몰라도 몸이 기억한다. 그 빈도가 잦아지다 보면 관계는 회복되기 마련이다.

III

"청소년과의 대화, 그리고 만남"

엄마의 이야기

1. 첫 만남의 기억

1994년 여름 즈음이었던 것으로 기억한다. 우연한 기회에 천안의 한 상업고등학교에서 동아리 수업을 시작한 게 계기가 되어 청소년 아이들과 만남이 시작되었다. 2주에 한 번 공예동아리 시간에 공예를 가르치면서 아이들과 자연스럽게 만난 것이 인연이 되었다.

아이들과 함께 손으로 꼼지락거리며 오랜 시간을 함께 지내다 보니 서로 친해지고 자신의 마음속 이야기들이나 부모에게 털어놓기 어려운 고민을 들어주는 관계가 되어 있었다.

나는 그런 일상들이 재미있었다. 그때는 결혼 전이어서 그런지 좀 더 적극적으로 아이들과 소통할 수 있었던 것 같다. 아이들과 나이 차이도 별로 나지 않았으니 선생님이란 딱딱한 느낌보다 동네 언니나 누나 같은 느낌으로 나를 받아들여주었다고 생각한다.

같이 밥 먹고 수다를 떠는 것부터 시작해 가족 이야기, 친구 이야기 등 많은 것들을 나눈 시간이었다.

사실 우리 아이들에게 이유 없는 반항은 없다. 다만 부모와 자식 사이 소통이 안 되는 것이 그때나 지금이나 가장 문제다. 부모님의 도를 넘는 참견이나, 이른 나이부터 아이들에게 주어지는 버거운 책임감, 부모가 이루지 못한 것에 대한 보상심리 등 너무 일찍 마주친 문제들 때문에 많이들 힘들어했다.

지금도 가끔 만나고 통화하는 그 아이들의 기억도 그렇다. 군대 갔다 휴가를 나오면 공방에서 자장면을 시켜 먹고 여자친구가 생기면 슬쩍 보여주며 인사도 나누고 결혼 후에도 아이들이 커가면서 그 인연은 이어졌다.

그 당시 부모님 때문에 상처가 많았던 한 아이는 지금 대학을 다니는 아이를 둔 학부모가 되어 너무 열심히 최고의 엄마로 따뜻한 자식으로 살아가는 걸 보면 가슴이 찡하고 울린다. 경제적으로 풍족하지는 않았지만, 강사료도 없이 최소한의 재료비만 받으며 시작했던 재미있는 수업들은 족히 10년은 넘게 이어졌다.

내가 결혼을 하고 아이가 초등학교를 들어갈 무렵 그 동아리 수업을 그만두었다. 이렇게 나에게 청소년을 만난 건 행복의 시작이었고 또 다른 삶의 시작이었다.

2006년쯤 아이가 10살이 넘어가고 이제 혼자 초등학교 수업이 끝나면 스스로 무엇인가 할 나이가 되었을 때쯤 다시 청소년들과의 만남이 시작되었다. 이번엔 청소년 쉼터와 대안 고등학교를 찾았다.

쉼터는 주로 가출 청소년들이었고, 일주일에 한 번 만나면서 작은 소품들을 만드는 재능기부 형식의 수업이었다.

아이들과 좀 친해지자 개인적으로 공방에 들러 밥도 함께 먹고 자연스럽게 근황들을 이야기하며 수다를 늘어놓고 한참을 놀다 가기도 하였다. 아마 누군가 자신의 이야기를 들어주는 것이 좋았을 것이고 갈 곳도 변변치 않고 외로운 아이들이 잠시 들러 놀다 가는 공간이기도 했다.

그러던 어느 날 초등학교 4학년 아들이 학교에 다녀와서 심각한 얼굴로 엄마에게 할 말이 있단다. 학교에서 무슨 일이라도 있었는지 걱정이 되어 나도 심각한 얼굴로 마주 앉았는데 앉자마자 대뜸 아들이 하는 말, “엄마, 제가 착하게 살게요. 제발 무서운 형들하고 누나들 공방에 못 오게 하면 안 돼요? 너무 무서워서 학교 끝나고 공방에 못 오겠어요”라고 한다.

사실 아들이 초등학교 2학년 때 공방을 학교 앞으로 옮긴 이유가, 내가 좋아하는 일을 하면서 아이와 함께 시간을 보내기 위함이었는데 내 욕심으로 아들이 무섭다니 아들에게 너무 많이 미안했다. 그래서 이런저런 이유로 쉼터 일은 오래 하지 못했다.

2. 우리 특별한 '꼴통들'

다음은 대안학교였다. 그곳에서 만났던 아이들이 지금은 어떻게 세상살이를 잘하고 있는지 제일 궁금하다. 그 학교는 전교생이 기숙사 생활을 하였다. 한 반의 인원수도 적었는데 우리 반은 7명 정도밖에 되지 않았다.

아이들과 함께 학교 주변에서 풀, 나무, 꽃, 열매 등을 직접 채취하여 삶거나 생으로 으깨어 천에다 염색을 한 뒤 그 천으로 소품을 만드는 것이 나의 주요 수업 내용이었다.

그러나 내 수업의 더 큰 의미는 함께 이야기를 나누며 소통하고 자신의 강점을 찾고 서로서로 강점을 인정하는 것이었다. 처음엔 수업에 잘 들어오지도 않았고, 아이들을 교실에 데려오는 것조차 힘들었다.

학교 수업 시간에 상상할 수 없는 행동들로 황당할 때가 많았다. 차마 글로 표현하기 어려운 그들만의 대화법(없으면 안 되는 단어처럼 쓰던 욕, 음담패설 등)과 엉뚱한 행동에 순간순간 어찌해야 할지 몰라 당황도 많이 했던 기억이 난다.

그 대안고등학교는 천안에서도 외곽에 있던 학교였다. 공방에서 차를 몰고 가도 한 시간이 넘게 걸렸다. 이 학교에 다니는 아이들은 대부분 서울이나 수도권 근교의 대도시에서 일반 고등학교를 다니다가 적응하지 못했거나 적응이 힘들 것 같은 아이들이 선택하여 모인 대안학교였는데 아이들의 수준과 성격 등에 너무 많은 차이를 보였다.

마음이 너무 여리고 말수가 아주 적었던 고등학교 1학년 한 아이는 내가 학교에 도착하는 시간에 주차장 근처에서 나를 기다렸다. 아이가 외출에서 돌아오는 엄마를 기다리듯이.

그곳에 있는 아이들은 담배, 술, 화장, 염색, 피어싱 등 겉보기에도 부모님과의 갈등이 느껴지는 아이들이 대부분이었는데 이런 상황을 모르고 이 학교에 온 아이들은 너무 무서웠을 것이다. 아마도 일주일에 두 번 찾아오는 내가 어쩌면 잠시의 안식처였을 것이다.

천연염색 수업 중 한번은 염료로 사용할 쑥을 캐러 밭둑으로 나왔는데 2학년 녀석이 밭둑에 라이터로 불을 붙이는 것이 아닌

가. 순간 나도 모르게 불을 손으로 잡아 던지며 정말 불같이 화를 내며 욕을 하고 고함을 질렀다. 여섯 아이가 움찔할 만큼!

사실 그 아이가 우리 반 일곱 중 최고로 나를 힘들게 했던 아이였다. 180㎝가 넘는 키(153㎝가 조금 넘는 나는 그 아이의 어깨밖에 오지 않았다)에 한 덩치 하는 그 아이는 나를 놀려먹는 것을 즐겼다. 성에 관련된 욕설이 대부분인 음악을 내 귀에 이어폰으로 들려주기도 했다.

그럴 때마다 마음속으론 놀랐지만 태연한 척 웃어넘겼다. 여자친구 사진을 보여주며 여자친구가 임신했다고 거짓말할 때도 7개월 후 꼭 데려오라고, 내가 키워줄 테니까 꼭 7개월 후 아기를 낳으면 데려오라고 다짐을 받으며 받아쳤었다. 잠시도 망설이지 않았다. 사실 그 아이가 나를 떠보려고 거짓말을 하고 있다는 걸 알고 있었기 때문이다. 하지만 앞의 일들은 전부 용서해도 밭둑에 불을 지르는 것만큼은 용서할 수 없었다.

그 일이 있고 나서 아이들이 조금씩 변해갔다. 사실 염색 수업을 하거나 작은 소품을 만드는 것이 그 아이들에게 어떤 의미가 있을까! 그 아이들은 그저 관심이 필요했던 것이다.

3. 약속 지키기, 강요하지 않고 들어주기

나는 이 아이들을 만나러 1주일에 화요일, 목요일 두 번 갔는데 갈 때마다 아이들과 약속을 하였고 그 약속은 무슨 일이 있어도 꼭 지켰다. 많지는 않지만 먹고 싶은 것이 있다면 거리가 멀어도 간식으로 사다주고, 하고 싶은 것이 있다면 수업에서 할 수 있는 것들은 수용하고 전화로 개인 상담도 해주고 아이들이 원하면 부모님과 통화도 해주었다.

어느 날인가 수업을 듣는 여학생의 어머니와 전화 통화를 하게 되었는데 하시는 말씀이, 딸아이가 집에 와서 선생님 이야기를 많이 한다고 하시며 재료비 입금할 때 돈을 더 보내라고 했단다. 우리 샘은 재료비 받아서 우리 간식비도 모자랄 것이라고 했다고 한다.

사실 나는 딸이 없어서 그런지 이런 여학생들이 너무 예뻤다.

함께 영화도 보고 외식도 하고 둘만의 시간을 보내며 아이의 이야기를 들어주고 무엇보다 이야기에 공감해주었다. 수업 내용과 상관없는 것들도 아이들과의 약속은 사소한 것이라도 소중하게 생각하고 꼭 지켰다. 아마 아이들은 자신과 공감해주는 것에 마음의 문을 열었던 것 같다.

한 학기가 반쯤 지날 무렵부터는 아이들도 나와의 약속을 지키기 시작했다. 늦게라도 수업에 참여했으며 수업에 못 올 때는 못 간다고 연락도 주었다. 아주 큰 변화였다. 그리고 왜 자신이 반항하게 되었는지, 공부를 왜 포기했는지 솔직하게 이야기하기 시작했다.

아이들의 관심이나 생각을 무시한 부모님의 행동과 과도한 학업에 대한 욕심과 부모의 기준에서 강요하는 삶의 방식에 대한 반항, 그리고 무관심 속에서의 소외감에 나를 보아주기를 바라며 아이들은 그들만의 방식으로 반항을 했던 거였다. 아이들이 잘한 것은 아니지만 나름 그들에게도 그렇게 할 수밖에 없었던 이유는 있었다.

대안학교나 학업중단 예방 프로그램에서 아이들과 이야기를 하다 보면 아이들의 상처와 방황의 시작은 대부분 부모님이나 가족의 무관심, 과도한 욕심에서 시작된다.

예를 들어 '내가(부모님의 직업) 이 정도의 위치에 있으니 너도 이만큼은 해야 한다. 또는 나는 가난하고 부족한 환경에서 부모님의 도움 없이도 이만큼 이뤄(성공)냈으니 너는 부족함도 없고 원하는 모든 것을 다 해주니까 이 정도는 무조건 해내야 한다. 너는 너만 잘하면 되는 환경이니 너는 이 정도는 꼭 해야 한다'라는 부모님의 과도한 욕심에서 오는 경우가 많았다.

아이들의 입장이 서로 조금씩은 다르지만 비슷한 공통점은 과도한 부모님의 욕심이나 무관심이었다. 또 부모 자신의 일이 너무 바쁘다는 이유로 무관심하거나 부모가 살아온 생활방식을 그대로 주입하려고 하였다.

아이들과 이런 수업을 통해 이야기를 들으면서 나는 어쩌면 대변자가 되어주는 역할을 했던 것 같다.
부모님의 속마음은 그렇지 않다고, 다만 표현의 방법이 다를 뿐이라고 가끔은 부모님에게 아이들의 마음을 전달하며 서로 조금씩 이해하고 한 걸음씩 양보하기를 권하기도 한다. 부모님과 소통이 되어 매듭이 풀려갈 무렵이 되면 한 학기가 끝나가고 있었다.

서울이 고향이라 하고 부모님이 큰 식당을 운영한다는 여자아이에게 어떤 사람이 되고 싶으냐고 물었었다. 그때 그 아이는 "의

사요!"라고 답하며 "마음이 아픈 사람들을 치료해주고 싶어요"라고 말했다. 몇 년을 공부를 포기하고 놀던 아이에게 꿈이 뭐냐고 물었을 때 의사가 되고 싶다고 하다면 무엇이라 대답해야 할까?

중학교 후반부터 고등학교 2학년 때까지 공부를 포기했던 아이가 의사가 되겠다고 한다면 다수의 부모는 말 같은 소리를 하라고, "그럼 진작 정신 차리고 공부를 했어야지!" 하지 않을까. 아니면 더 심한 말로 상처에 소금을 뿌리진 않았을까. 그것으로 끝나지 않았을지 모를 일이다.

하지만 나는 그 아이에게 이렇게 말해주었다. "그래! 꼭 도전해보자! 다른 친구들은 고속도로의 속도로 간다면 너는 오솔길을 선택했다고 생각하고 꾸준히 준비해보자. 다른 친구들보다 좀 늦으면 어때! 괜찮아~ 할 수 있어!" 그리곤 꼭 안아주었다. 그리고 원하는 것을 꼭 이루기 위하여 나와 약속 하나만 하자고 했다. 다른 친구들보다 많이 돌아가야 하니 우리 지금부터 세 가지만 버리자!

- 첫 번째, 자존심
- 두 번째, 핸드폰
- 세 번째, 지금 들고 있는 가방 속 모든 것(화장품, 담배)

그리고 그 아이는 학기가 끝날 때쯤 자퇴를 하고 서울로 돌아

갔다. 서울로 돌아간 후에도 한참 동안 연락을 주고받았다. 사실 어느 때는 어디로 튈지 모르는, 불붙은 탁구공 같은 아이들이 겁나기도 했다.

그래도 엄마의 맘으로 한 명 한 명 아이들과 소통하면서 식사를 할 때도 분위기 좋은 곳에서 밥을 먹고 영화를 함께 봐도 대접받는 느낌을 주기 위하여 프리미엄관에서 분위기 잡고 관람했다.

아이들과 이야기를 하다 보면 아이들은 누군가가 본인을 소중하게 생각해준다는 생각에 스스로 마음의 문을 조금씩 열었다. "세상 어느 부모에게도 소중하지 않은 자식은 없단다"라는 따뜻한 말과 함께.

서로 조금의 생각 차이는 있겠지만, 아이들이 조금씩 마음의 문을 열면 자신의 과거에 대해 분노하게 된 이유가 무엇일까 이야기를 다 들어주고 공부를 포기한 이유에 대해서도 할 수 있다면 부모님과 화해할 수 있게 도와주고 가족의 품으로, 제자리로 돌아가는 아이들을 보면서 정말 감사하고 고마웠다.

아이들과 소통을 잘하기 위해서는 있는 그대로 상대방의 이야기를 들어주고 공감해주는 것도 하나의 방법이다. 그리고 서로의 입장을 바꾸어 생각할 수 있도록 했을 때 아이들이 많이 변화하는 것을 경험했다.

하고 싶은 일을 모를 땐 어떻게 해야 할까!

아이들을 만날 때마다 늘 말하는 것이 이것이다. 반복하여 생각하고 나만의 다이어리에 적어보라고, 짧게는 일주일 혹은 한 달 간격을 두고 적어보라고.

어떤 일을 할 때 행복했는지 즐거웠는지 또는 어떤 행동을 했을 때 칭찬을 받았거나 스스로 잘한다는 느낌이 들었는지 긍정적인 글들을 계속 적다 보면 자신의 강점을 찾는 것에 도움이 된다.

- 먼저 어떤 삶을 살고 싶은지 많이 생각해보자.
- 10년 후, 20년 후 나는 어떤 모습으로 살고 있을까?
- 나의 라이프 스타일에 맞는 일에 대하여 늘 고민하자.
- 내가 만족할 수 있는 삶의 방식을 늘 생각하자.
- 내가 행복해야 주변 사람들도 행복하다.
- 좋아하는 일을 하면 잘할 수 있다. 그 일을 잘하면 정말 오래 할 수 있다. 좋아하는 일을 오랜 세월 잘했다면 어떻게 될까?
- 날아가는 새를 좁은 새장에 가두어두면 결국 병들어 죽는다. 즉, 나에게 맞는 일을 해야 행복하다는 의미이다.

4. 천연염색으로 강점 찾기

자연염색 수업을 하면서 나는 말한다.

"얘들아! 이것 좀 봐봐. 이렇게 보잘것없는 풀도 꽃들(쑥, 애기똥풀, 소나무, 상수리나무 등) 그리고 그냥 버려지면 쓰레기인 것들(양파 껍질, 밤 껍질, 호두 껍질 등)도 자기만의 독특한 색이 있잖아! 그치? 그래~ 너희들도 너희들만의 색(강점)이 있단다. 다만 아직 그 강점을 못 찾았거나 그런 생각을 하지 못했을 뿐이야. 그럼 너희들의 강점이 무엇일까, 오늘부터 지금부터 한번 생각해보자" 하는 것이 나의 자연염색 수업에서 강점을 찾는 메시지이다.

보통 천연염색 수업 의뢰를 받으면 대부분 시간이 얼마나 걸리는지, 금액이 얼마인지만 문의를 한다. 이런 수업은 어떤 목적이 있는지, 아이들에게 어떤 메시지를 주는지 아무도 묻지 않는다. 그저 체험할 수 있는 프로그램이 있으니 진행하는 것일 뿐이라고 생각하는 사람들이 대부분이다.

사실 부모님들은 이런 수업 자체를 거부하신다. 초등학교 고학년을 시작으로 고등학교까지 모든 일정은 수능과 수행평가, 즉 성적이 좋아야 좋은 대학에 갈 수 있다고 생각하기 때문에 이런 수업을 싫어한다. 천연염색 수업이라고 하면 손수건이나 티셔츠 스카프를 담가 가져가는 결과물에만 집착하기 때문이다.

아무도 과정에서 얻어지는 새로운 생각이나 지혜와 같은 시너지에는 관심이 없다. 어떤 수업이든 목적에 따라 다르게 진행되어야 된다고 생각한다. 같은 염색, 같은 천이라도 어디에 사용할 것인지 용도에 따라 염색 방법이 다른 것처럼 말이다.

예를 들어 방석이나 이불을 만들려고 할 때, 의류를 만들려고 할 때, 천이 얇고 용도가 스카프인 경우와 규방공예(바느질)를 할 때의 염색 방법, 즉 색을 내는 염색 과정이 조금씩 다르기 때문이다.

그렇다면 지금의 청소년들에게도 개개인의 성향이나 장점에 따라 성장 과정이나 교육의 방법에 차이가 있어야 한다고 본다. 무조건 성적으로 아이들을 판단하거나 평균을 정해놓고 그 수치만큼을 꼭 지켜야 한다는 지금 현재의 교육 방법, 즉 절대적인 성적과 내신으로 아이들을 평가하는 방법은 이제는 그만두어야 한다.

자연염색을 할 때 제일 흔한 방법으로, 양파 껍질을 삶아 천을 담그면 천이 살짝 붉은색을 띠는 누르스름한 색으로 물든다. 그 상태에서 어떤 용도로 사용할 것인지에 따라 염료(양파 껍질)의 양과 끓이는 시간, 매염제의 종류가 달라야 하는 것처럼 말이다. 아이들과 염색 체험을 할 때는 양파 껍질을 삶은 물에 10~20분쯤 담가 주물러준 후 명반 매염제를 사용하면 때에 따라 조금씩 차이가 있지만 노란색으로 물들기도 하고 철매염제를 쓰면 진한 카키색으로 물든다.

이런 변화가 일어날 때 어른 아이 할 것 없이 모두 "와~" 하고 탄성을 지른다. 매염제를 넣기 전 아이들의 반응은 시큰둥하다. 때론 냄새가 이상하다며 구시렁거리기도 한다. 그러나 매염제를 넣고 변하는 모습을 보는 순간 탄성이 나오는 것이다.

이처럼 그냥 버려질 때는 의미 없는 쓰레기였지만 누군가 그 가치를 알고 사용한다면 그것이 강점이 될 수 있다는 의미로 보는 것이다. 우리 아이들도 자신에게 어떤 강점이 있는지 무엇을 할 때 잘할 수 있는지를 알아야 한다. 하고 싶었던 것이나 좋아하는 것을 할 때 진정 행복을 느끼고 지금 해야 하는 것을 왜 하는 것인지 정확하게 알고 그것에 맞는 공부를 한다면 어떨까? 학교 공부든 다른 공부든 해야 하는 목적이 있다면 우리 아이들이 공부를 할 때 조금이라도 시너지가 나지 않을까!

아이의 강점을 찾게 하려면 부모님의 생각부터 바뀌어야 한다. 우리 아이들을 화분에 심어진 나무에 비유해보자. 화분에 심어진 나무는 늘 물을 주고 영양분을 보충해주어야 잘 자란다. 때론 해가 잘 드는 곳이나 바람이 잘 통하는 공간으로 자리도 옮겨주어야 한다. 조금만 소홀하면 시들거나 죽고 만다.

하지만 처음부터 흙이 있는 화단에 심었을 때는 처음에만 물을 주고 관리해주면 시간이 걸리기는 하겠지만 날이 갈수록 스스로 영양분을 찾아가며 성장하여 더 튼튼하게 잘 자랄 것이다.

아들의 이야기

1. 그 많은 과자는 다 어디로 갔을까

내가 초등학교 때였다. 학교 정문에서 이삼 분 정도의 거리에 가게가 있었던 때다. 어머니가 학생들을 가르칠 때를 기억한다. 수업을 나가시기 전날이면 항상 동네 마트에 들러 과자니 음료수니 군것질거리들을 잔뜩 샀다. 가끔은 컵라면을 사기도 했고, 아예 봉지라면을 사기도 했다.

계산하는 직원이 "어디 행사라도 있으신가 봐요"라고 말하기도 했으니 그 양이 짐작이 갈 것이다. 그렇게 큼직한 마트 봉지 두세 개를 꽉 채워 차에 싣고 나서야 수업을 나가셨다. 그리 많이 샀어도 내게 떨어지는 것은 봉지 과자 한두 개뿐이었다.

그렇게 수업을 나가시고 나면 가끔 가게로 찾아오는 학생들은 또 가관이었다. 교복인지 뭔지 알아보기도 힘든 차림에 남학생들 중에는 문신을 한 사람도 꽤 있었고 여학생들은 풀 메이크업이

기본 차림이었다. 친구들하고 놀다가 가게 뒤편 주차장을 지나가면서 보면 대놓고 자기들끼리 담배를 피우고 있기도 했다.

돈이라도 뜯길까 어린 마음에 무서워 빙 돌아 가게로 가면 아까 그 사람들이 가게에 앉아 어머니와 이야기를 하고 있었다. 어머니는 도대체 저 많은 군것질거리를 사다가 저런 사람들을 데리고 뭘 하는 것일까. 이 생각이 그때의 가장 큰 궁금증이었다.

나중에 내가 자라고 나서도 그녀의 행동은 별로 달라지지 않았다. 과자를 주는 대상과 양이 달라졌을 뿐, 여전히 수업을 나가기 전이면 군것질거리를 한 봉지씩은 사서 차에 실었다. 사실 그때는 이상하다는 생각이 많이 들었다. 초중고를 거치며 몇 개씩 방과후학교도 해보고 고등학교 때엔 교내 동아리를 네 개씩 하면서 수많은 외부 강사들을 만났었지만 저렇게 사비까지 써 가며 간식을 바리바리 들고 와 나누어주는 사람은 없었다.

내가 봤던 대다수의 진로 수업 강사들은 빌 게이츠, 스티브 잡스 같은 외국인 기업가들의 말과 생각을 희망적인 방향으로 말하며 '너희들도 생각의 방향을 바꾸어야 성공할 수 있다' 정도의 말을 할 뿐이었다. 대부분 강사는 혼자 신이 나서 떠들거나 외웠던 것을 전부 풀어나가려는 것처럼 혼자 떠들다 확인하듯 말을('~을 해야 해요, 알겠죠?'라는 질문이나, '고정관념에 사로잡혀서 한 길만 바라보면 잘못될 수 있어요, 알겠죠?' 같은, 단순한 대답을 이끌어낼 수 있는 질문들) 하고, '네에' 하고 늘어지는 대답을 들으면 혼자 만족하는 것처럼 보였다.

구체적으로 어떻게 해야 하는지, 무얼 해야 하는지에 대한 것들은 다른 사람에게 떠넘기기라도 하듯 명확하게 말해주지 않았다. 답답한 느낌도 들었지만 이내 저런 수업들에서 무언가를 얻어간다는 생각은 포기하고 내가 하고 싶은 일만 계속했다.

개인적인 느낌이지만 다들 일정하게 학교와 계약된 대로 수업하고, 시간이 끝나기 십 분 전이 되면 아무도 궁금해하지 않는 것 같지만 의례적으로 물어본다는 느낌으로 질문을 받는 사람이 대부분이었다.

수업과 관련된 질문을 하는 학생들도 있었으나 성실하게 답해주거나 그 내용을 반영하는 사람은 정말 손에 꼽았다. 수업 역시 학생들이 자기의 이야기를 어디까지 이해하고 있는지, 정말 이 친구들이 자신이 원하고 꿈꾸는 일들을 구체적으로 생각해볼 수 있을지 같은 현실적인 문제에는 별 관심이 없어 보였다.

나는 명확하게 하고 싶은 것이 있었고 그것을 이루기 위해선 계속 무언가를 쓰며 나와 이야기하고, 진짜로 내가 쓰고 싶은 것이 무엇이고 그것을 표현할 방법은 무엇인지 찾아야 했다. 이유도 모르고 공부해야 하는 수학 공식과 같은 것보다 그것이 더 필요하다고 생각했다.

2. 가족의 믿음만큼 강력한 것은 없다

초등학교 때부터 소설가가 되고 싶다는 꿈을 가지고 계속 글을 써왔기에 야간 자율학습 때도 노트북을 펴고 글을 썼다. 의도치 않게 뽑혀서 들어갔던 스카이반에서 하던 추가 야간 자율학습 때도 그렇게 했다.

내 행동이 별나다고, 하라는 학교 공부는 제대로 하지도 않는다며 맘에 들어 하지 않는 선생님들이 내가 공부는 하지도 않고 노트북으로 헛짓거리나 하는 '꼴통'이라고 부른다는 것은 이미 알고 있었다. 바깥에서 술을 마시거나 담배를 피우거나 하는 사고만 치지 않을 뿐이지 학교 안에서의 분류상 나 역시 그때 어머니의 가게로 찾아오던 학생들과 별 다를 바가 없었다.

선생님들의 시선도 그렇고 바깥에서 바라보는 눈길도 그랬다. 공부를 안 하고 도움 안 되는 딴짓거리나 하는 놈. 소설인지 뭔지 쓴다고 야자 때마다 노트북 펼치고 앉아 있는 놈. 면학 분위기를 해치는 이상한 놈. 꿈을 가지고 있다는 사실을 존중해주고 그 일에 관련된 것을 공부하고 있는 나를 알아봐주는 사람은 어머니뿐이었다.

당시 경제적으로 어려운 상황이었지만 어머니는 내게 "'현실적'인 것을 보아야 하지 않겠니" 같은 말은 한번도 꺼내지 않으셨다.

나중에 성인이 되어 소주를 한잔 마시게 되었을 때 여쭤보니 부모가 경제적인 이유나 멀게 느껴질 수 있는 현실적인 점들을 이유로 꿈을 무조건 반대했을 때 자식의 입장에서 느낄 그 허탈감과 자괴감에 대하여 너무도 느낀 점이 많았다고 답을 해주셨다.

어머니는 너무 멀어 보일 수 있는 나의 꿈을 믿어주었다. 그랬기에 지금도 어머니를 실망시키지 않기 위해, 내 마음에 드는 글을 쓰기 위해 항상 쓰고 다듬으며 내가 가고 싶은 길을 만들어가고 있다. 말 한마디와 행동 하나까지, 부모가 자식에게 보여주는 단순한 일들이 자식에게는 자신의 길을 가게 만들 수 있는 원동력이 될 수도, 세상에서 가장 강력한 브레이크가 될 수도 있다.

자식이 가장 먼저 기댈 수 있는 곳은 부모의 가슴이다. 정신적으로 육체적으로 고비에 몰렸을 때, 무언가 중대한 결정을 내려야 할 때 가장 먼저 찾는 것도 부모이다. 자신이 이해하지 못하는 이야기를 하더라도 왜 이런 이야기를 할까, 왜 이런 생각을 가지게 되었을까 대화를 해야 한다. 만약에 자신이 잘 모르는 분야라면 함께 알아보면서 어떤 것을 준비해야 할지, 어떤 부분들을 공부하며 나아가야 할지 함께해주어야 한다.

부모님들께 감히 말씀드리지만, 최소한 그 정도는 하고 반대하시라. 자식이 성인이 되고 나이를 먹는다고 해서 자식의 꿈이나 하고 싶은 일 따위가 짠 하고 눈앞에 나타나지는 않는다. 꿈은 마술이 아니다. 꾸준히 찾아보아야 하고 신중하게 하나하나 짚어보며 나아가야 붙잡을 수 있는 존재다.

Ⅳ

‘나’와 이야기하다

엄마의 이야기

1. 꿈이 깨진 순간

내가 중학교 3학년 1학기 초반의 일이다. 처음으로 미술을 하고 싶다는 생각이 들었던 때였을 것이다. 하지만 나의 꿈은 아버지에 의하여 꺾였다. 나는 이남 삼녀 중 둘째 딸로 태어났고 가족은 할머니를 포함하여 모두 여덟 식구가 살았다. 부모님은 농사를 지으며 살아가는 전형적인 농사꾼이었다.

내가 태어날 무렵 아버지는 직업군인으로 살아가려 하셨는데 내가 딸로 태어나는 바람에 아들을 낳아야 한다는 장남의 역할 때문에 전역하시게 되었고 그때부터 농사일을 시작하셨다 하셨다.

그 당시 우리나라는 "아들딸 구별 말고 둘만 낳아 잘 기르자"라는 산아 제한을 했던 시기였고 군인의 신분으로는 자녀를 더 낳을 수 없어 전역을 결정하게 되셨다고 하셨다. 그리고 내 밑으로 동생이 셋이나 생겼다. 남동생 둘, 여동생 하나.

전형적인 1970년대 초 시골의 유교 집안이었으니 자라면서 어린 시절에도 딸과 아들의 차별은 있었다. 그중에서도 가장 큰 차별을 느낀 시기가 고등학교 진학을 위한 이야기를 나누다 아버지와 부딪치게 되었던 그때였다.

중학교 3학년 새 학기가 시작되고 얼마 되지 않아서 고등학교 진학을 위한 이야기를 하던 중 나는 부모님께 처음으로 미술을 전공하고 싶다고 말했다. 중학교 2학년 때 미술선생님께서 미술에 소질이 있으니 한번 도전해보면 좋겠다는 말씀에 용기를 얻어 말을 꺼냈다. 어렵게 속에서 끄집어낸 말 한마디에 아버지는 이렇게 답하셨다.

"너를 가르치면 네 동생들은 어떻게 하냐?"

더군다나 장남인 아들을 가르쳐야 하니 너는 상업고등학교에 진학하여 어디든 취직을 하여 살림에 보탬이 되어야 한다고 말씀하셨다.

나는 그 말씀에 한마디도 지지 않고 대들었다. 왜 아버지는 능력도 없으면서 애들을 이렇게 많이 낳으셨냐고. 돈을 벌기 위해 고등학교에 가야 하는 거라면 차라리 지금부터 공장에 보내라고 소리를 지르고 울며 대들었다. 그리고 그 순간을 참지 못하고 밖으로 뛰쳐나왔다. 한참을 목적 없이 달렸던 기억이 지금도 생생

하다. 그때 나는 자살을 생각했을 만큼 그 상황이 너무 힘들었고 싫었던 기억이다.

그 이후 부모님 곁을 떠나 시내에 있는 외갓집에서 외삼촌과 외숙모의 과잉보호를 받으며 중학교에 다녀야 했다. 다시 마음의 평온을 찾기 위해선 많은 시간이 필요했다.

2. 다시 도전의 끈을 잡다

열아홉이 되던 해 여름쯤 나는 우연한 기회에 안성 시내에 있는 작은 공방을 알게 되었다. 그때부터 나의 공예 인생이 시작되었다고 해도 과언이 아닐 것이다.

모든 생활이 그곳에서 시작하여 그곳에서 마무리될 정도로 빠져 살았다. 그때도 외갓집에 살았는데, 늦게 다닌다고 외삼촌에게 엄청 많이 야단도 맞았다. 밤이 늦도록 집에 돌아오지 않는 나를 걱정해서였다.

그 시기에 어른들의 시각에서 볼 때 내가 하고자 하는 일은 참 미래가 없어 보이는 일이었을 것이다. 지금도 그렇게 바라보는 사람들이 많으니까.

그까짓 것을 배워서 무엇에 쓰느냐고, 차라리 현실적으로 취직을 하라고 충고를 하시는 사람이 많았다. "이런 일은 취미로나 해야지. 어떻게 먹고 살아가려고, 쯧쯧" 따위의 말들은 아주 순한 표현에 속했다.

어른들의 걱정과 만류에도 불구하고 나는 직장(아르바이트)에 다니는 시간을 빼고는 공방에서 시간을 보냈다. 왜냐고 물으면 재미있었으니까. 좋았으니까. 무엇보다 늦은 밤 그곳의 아크릴 물감 냄새를 맡으며 작업할 때가 제일 행복했다.

실을 엮어 풍경을 짜는 수직이라는 직조 공예(요즘 다시 많이들 시작하는), 일본 지점토로 만드는 야생화와 18~19세기 서양화가들의 그림을 전사해서 작업하는 데코파쥬, 그리고 나에게 서울행의 계기가 된 꽃꽂이 메이크업(분장) 등 무엇이든 새롭게 시작하는 것들로 늘 분주했고 신났었다. 낮에는 직장에 다니고, 저녁에는 작업실에서 밤을 꼬박 새워가며 힘든 줄도 모르고 살았더랬다.

그 나이에 경험할 수 없는 재미있는 일들(데코파쥬, 꽃꽂이 등으로 하는 카페 인테리어) 등 다양한 분야에 도전하다 보니 22살 어린 나이에 이은아 공방이란 이름으로 나의 작업실을 열었다.

처음엔 고향인 안성에서 시작했지만 여러 가지 이유로 나를 아는 사람들이 없는 곳에서 새롭게 도전해보고 싶어서 찾은 곳이 천안이었다. 천안으로 와 공방을 하면서도 돈을 모으기보다는 버는 대로 다시 배우고 전시하고 무엇보다 늘 새로운 일들과 작품을 만드는 것들이 너무 행복했고 즐거웠다. 30년이 넘은 지금도 새로운 작품을 구상하고 만들 때가 제일 행복하다.

3. 도전에는 끊임이 없다

1997년 세상이 IMF로 시끄러울 즈음에도 매장 두 곳에서 정직원이 두 명, 그리고 아르바이트까지 고용해야 할 정도로 공방과 매장이 잘 운영되었다. 그러나 어떤 사람이든 살면서 한두 가지의 고민은 있는 것처럼 그 당시 나에게도 힘든 일들이 있었다.

IMF 위기를 맞으면서 갑자기 남편이 일자리를 잃었다. 쉬는 기간이 길어지고 자연스럽게 공방의 일에 관여하게 되었다. 서로 다른 가치관으로 자꾸 충돌이 일어났다. 첫돌도 안된 아이를 놀이방에 보내가며 새벽이 되도록 일을 하고 있는데도 도와주기는커녕 더 힘들게 했다.

서로 의견 충돌이 있을 때마다 남편은 가출 아닌 가출을 했고 일을 도와주기보다 잔소리만 늘어 결국 나뿐 아니라 직원에게도 싫은 소리를 하다 보니 직원도 그만두는 일들이 벌어졌다. 20개월도 되지 않은 아이를 등에 업고 밤낮없이 쉬지도 못하고 일해야 하는 나는 점점 지쳐갔다.

내가 열심히 사는 만큼 남편은 그렇게 살지 않았고 내가 열심히 하면 할수록 안주하려는 남편 때문에 정신적으로 더 많이 힘겨웠던 시기였다. 우습게도 내가 처한 상황과는 달리 매장과 공방은 잘되었다. 내가 만든 공예품으로 제법 큰 유통회사에 입점 제안을 받기도 했다.

제안을 받은 후 처음에는 어리둥절하기도 하고 좋았다. 며칠 후 남편이 운전하는 차를 타고 미팅을 하기 위해 이동 중 있었던 일이다. 갑자기 화가 치밀어오르고 눈물이 줄줄 흐르면서 서러움이 올라왔다. 갓길에 차를 세운 남편이 어리둥절한 얼굴로 나를 빤히 쳐다봤다. 남편의 성격이 아주 다혈질이었기 때문에 난 시간을 오래 끌지 않고 바로 속마음을 이야기했다.

꾹꾹 참으며 묵혀만 놨던 말들이었다. 지치고 힘들어서 더는 못하겠다고, 이제는 아무것도 하지 않겠다, 모든 걸 다 내려놓겠다고 울면서 말했다. 공방도 매장도 그만하고 집에서 아이만 키우며 살고 싶다고, 이젠 지쳤다고 선전포고를 했다.

그리고 다음 날부터 정리를 시작했다. 매장이 정리되고 나서는 공방에 출근도 하지 않았다. 아이도 어린이집에 보내지 않았다.

아직 말도 제대로 못 하는 아이에게, 분유 병과 기저귀를 넣은 가방을 그 작은 등에 메게 하고 놀이방에 들여보내고 나올 때 정말 가슴이 너무 아팠는데 이번 기회에 같이 있고 싶었다. 그 일이 있고 난 후 서로 협상한 것이, 좋아하는 공방은 하되 돈은 벌지 않아도 된다, 그리고 일을 하면서 아이를 더 잘 챙겨주겠으니 당신은 하고 싶은 것을 하라고 했다. 남편은 집에서 자기만 쳐다보고 있는 여자는 부담스럽다고 했다. 그러니 일은 했으면 좋겠다고 했다. 그 일 이후 나의 좌우명이 바뀌었다.

'바꿀 수 없는 부정은 긍정하라'라는 좌우명이 '가늘고 길게'로 바뀐 것이다. 좋아하는 일을 즐기며 오래오래 하고 싶다는 의미다.

그리고 그때 시작했던 또 다른 도전이 바느질과 천연염색이었다. 나는 물감을 쓰면서 늘 생각했다. 왜 우리나라 물감의 색과 일본 물감의 색이 이렇게 다를까? 같은 색인데 우리나라와 일본 제품의 색은 정말 차이가 극명했다. 그런 물감들을 사용하다 보니 우리나라 전통 색깔이 더 궁금해졌다. 우리나라의 전통 색깔들은 어떻게 만들어졌을까에 대해 늘 궁금해하던 차에 친구의 권유로 시작한 천연염색은 나에게 신세계를 열어주었다.

그렇게 시작한 천연염색과 조각보, 규방공예는 다른 생각할 겨를도 없이 십여 년을 나와 즐겼다. 작은 나의 차 트렁크엔 늘 가스버너, 들통, 스테인리스 대야, 염색할 수 있는 천들, 매염제 등이 늘 실려 있었다.

언제 어디서든 염색할 재료(풀, 나무, 열매 등)만 있으면 염색할 준비를 하고 다닌 것이다. 그렇게 자연염색에 빠져 살았다. 얼마나 빠져 살았던지 예전 시댁 마당에는 감나무가 두 그루 있었는데 잘 자라고 있는 푸르딩딩한 풋감을 보니 감 염색을 했을 때 나오는 특유의 붉은 갈색만이 머릿속에 맴돌았다. 결국은 보기 좋게 주렁주렁 열린 풋감을 몽땅 따서 갈았다. 그렇게 만든 땡감 물로 염색한 광목을 마당에 사람이 못 다닐 정도로 널어놓은 적이 있었다.

외출에서 돌아온 시아버님이 내가 잔뜩 일을 벌여놓은 감나무와 마당의 광경을 보시고 이게 다 뭐냐며 놀라시던 모습이 아직도 생생하다. 그 사건 이후 아버님은 그렇게 좋으면 원 없이 해보라며 소 축사 근처에 감나무 열 그루를 더 심어주셨다. 감사하게도 그렇게 아버님은 늘 내 편이셨다. 그래서 늘 감사하고 고마웠다. 그렇게 나름대로 최선을 다하여 잘해보리라 생각하며 살고 있던 어느 겨울이었다.

내 나이가 30대 후반쯤 되어 가고 있을 때 서울 인사동 어느 전시장에서 규방공예 전시가 있다고 하여 다니러 갔다가 한 교수님을 만났다. 그분이 이미석 교수님이시다.

처음 만난 날 교수님과 한참을 이야기 나누다가 나왔던 한마디가 나의 심장을 다시 뛰게 했다.

"실기만 잘하면 뭐해요~. 지식이 되어야지요! 우리 대학으로 오세요!"

그 말을 들은 날 이후 다시 꿈틀대는 심장은 많은 것을 시작하게 했다. 인터넷으로 수능 공부를 시작했고 고등학교 이후로 덮어 두었던 역사책을 찾아 폈다. 역사와 더불어 전통한복을 본격적으로 배우기 시작했다. 전통복식학과는 단순히 성적으로 가는 곳이 아니라고 생각했기 때문이다. 기본적인 역사적 배경지식이 없다면 분명 힘들 학과였다. 무엇보다 기초적인 역사 지식조차 없이 전통복식학과에 다닌다는 게 말이 안 되는 일 같았다.

마흔이 넘어 대학에 가겠다고 부모님께 말씀드리니 부모님은 미안하다고 하셨다. 아무래도 하고 싶은 일을 못 하게 했던 어린 시절의 일들이 미안하신 듯했다. 하지만 난 그때 부모님께 고맙다고 말씀드렸다.

아마 그 당시 중학교 3학년 미대를 가겠다고 했을 때 "그래 해봐라"라고 해서 아무 고난 없이 순탄하게 시작했다면 지금처럼 열심히는 못 했을 것이라고 말씀드렸다.

일을 하면서 무엇인가 늘 부족함을 느꼈기에 남들보다 두 배, 세 배 끊임없이 도전하고 노력할 수 있었다고 말이다. 사실 생각해보면 그 과정에서 지금의 내 모습이 만들어진 듯하다. 늘 쉬지 않고 무엇이든 배우고 공부하는 습관이 생겼으니 말이다. 그러니 괜찮다고 아버지를 위로해드렸다.

우여곡절도 많았고 힘들었지만 4년 후 대학을 졸업하던 날 아버지가 두 시간 정도 거리 대학교까지 오셔서 온 가족들에게 사주신 자장면과 탕수육은 정말 감동적으로 맛있었다.

4. 다시 찾아온 시련, 그리고 대화

어떤 일이든 진행할 때 걸림돌과 아픔이 없기를 바라는 건 참 힘든 일인가 보다. 마흔이 되어 09학번으로 대학에 입학하여 일과 학업을 병행하며 조금은 지쳐갈 때쯤 마음과 금전적으로도 순탄하지 않은 일들이 줄지어 일어났다. 내가 가장 많이 의지하며 살았던 시아버님이 불의의 사고를 당하시고, 그리고 갑작스러운 이별, 상상도 하지도 못했던 아픔들이 줄지어 일어나면서 2011년도에 공부를 포기해야 할까 하는 고민을 하던 때가 있었다.

결혼하여 살면서 내가 제일 많이 의지하며 살았던 시아버님이 겪은 불의의 사고. 전신에 심한 화상을 입어 서울 영등포역 근처 화상 전문병원 중환자실에 입원하시게 되었다. 평소에 술 담배도 하지 않았던 건강한 분이셨기에 그래도 견디시는 것이라고 의사가 했던 말이 아직도 귀에 생생하다.

사고 이후 20일 조금 넘게 견디시다가 패혈증이 생기고, 다시는 돌아올 수 없는 먼 곳으로 우리 가족을 두고 떠나셨다. 날씨가 정말 추웠던 늦은 12월에 아버님을 산에 모시고, 가슴이 터질 것 같은 슬픔을 안고 한 달이 넘는 시간 동안 매일 왕복 세 시간이 넘게 걸리는 시댁을 오가며 시아버님이 62년간 남긴 흔적을 지워야만 했다.

고생만 하시다 떠나신 아버님의 49재를 절에서 아들하고 둘이 지냈는데 이 기도가 끝나갈 무렵 전쟁처럼 살다가 준비도 없이 남기고 가신 시아버지 삶의 흔적을 대충이나마 정리할 수 있었다.

시어머님과 시누이, 남편은 정말 성격이 똑같았다. 그저 순간순간 자기들 기분 내키는 대로 말하고 행동했다. 나는 정말 어디로 튈지 모르는 탁구공 같은 성격들을 혼자 감당하기 너무 어렵고 힘겨웠다. 그래서 매일 울었다. 소통이 되고 도와주는 사람이 아무도 없었다.

도와주러 다가왔던 사람들도 셋의 등쌀에 못 이겨 고개를 저으며 떠나갔다. 시아버님을 떠나보내고 나의 처한 상황이 마치 햇볕이 뜨겁게 내리쬐는 사막의 커다란 나무 그늘에서 잘 자라던 잡초처럼 느껴졌다. 뜨거운 태양과 거센 모래바람을 막아주던 나무가 베어지고, 홀로 뜨겁고 매서운 바람 앞에 내던져 어찌해야 할

줄 모르는 연약한 잡초의 신세와 같았다. 매일 왕복 세 시간 이상 거리를 오고갈 때 눈물로 운전을 할 수 없을 때도 많았다.

아버님의 유산을 정리하면서 아직 젊으신 어머님에게 모든 재산을 승계했다. 물론 승계하기 전 남편과 시누이도 합의한 내용이었다. 나 혼자 단독으로 결정할 수 있는 부분이 아니니 당연히 이야기를 나누어야 맞았다.

그런데 정리가 마무리되어갈 때쯤 남편의 행동이 변하기 시작했다. 평상시 일(직장)하는 것을 힘들어하였고 본인이 가족을 위해 돈을 버는 일들을 버거워하던 중에 지급된 사망보험료가 사용된 용도에 대하여 분노 조절을 하지 못했다.

평소에 집에 자주 오지 않던 사람이 갑자기 매일 술을 마시고 들어와서는 아들에게 왜 학교 성적이 이따위냐, 현실성 있는 직업을 선택하라는 둥 생트집을 잡기 일쑤였다. 처음 아들이 글쓰기를 시작할 때만 하여도 나보다 더 응원했던 아빠였는데 이해할 수 없는 행동이 이어졌다.

자신의 삶을 아버지의 의지대로 살아야 했던 과거를 이야기하며 나는 내가 하고 싶었던 일을 하지 못하고 살았으니 너는 하고 싶으면 한번 도전해보라며 응원해주던 아빠였는데 그 기억은 나지도 않는지 아들을 볼 때마다 생트집을 잡았다.

일이 끝나고 집에 돌아와보면 남편은 안방에서, 아들은 자기 방에서 각자 문을 닫고 있었다. 술에 많이 취해 결국 서로 의견 충돌이 일어나면서 폭력을 행사하는 지경까지 이르게 되었다.

그런 일이 있고 난 후 아이가 이렇게 말했다.

"아빠가 무서워요. 우리끼리 살면 안 되는 거예요? 집에 혼자 있을 때 비밀번호를 누르는 소리만 들려도 너무 무서워요." 아마도 어린 나이에 충격이 너무 컸나 보다.

사실 나도 처음 접하는 그 사람의 행동이 정말 무섭고 두려웠다. 나는 뭐라 할 말이 없었다. 결정적인 폭력이 터지고 나서 중학교 2학년이던 아들과 나는 어려운 결정을 해야 했다.

위자료와 양육비도 없이 16년의 결혼생활을 정리하고 둘이 손잡고 집을 나왔다. 그때부터 나는 아이와 거짓 없이 모든 걸 공유하는 삶이 시작되었다.

지금 현재 우리의 금전적인 상황, 서로의 학교 성적과 같은 일상뿐만 아니라 앞으로 우리 둘이 살아가야 할 날들, 미래에 대하여 늘 이야기하고 공유하는 계기가 되었다. 둘 다 서로를 믿고 의지하지 않으면 살 수 없는 현실을 부정하지 않고 이야기를 하며 풀어갔다.

그러나 아무리 열심히 일해도 바느질을 하며 둘이 공부하기엔 항상 금전적 문제가 따라왔다. 공부에는 때가 있다고들 하지만 어떤 분야의 공부냐에 따라, 어떤 방식으로 차곡차곡 준비했는지에 따라 결과가 달라지기 때문에 나도 쉽게 포기하지 못했다.

소설가가 꿈이었던 아이에게 난 제안을 하였다. 둘 다 공부(대학과 학원)를 하기에는 지금 금전적으로 어려우니 어떻게 했으면 좋겠는지 물었다. 네가 할래? 아니면 내가 할까? 이 물음에 대해 아이는 "엄마가 하세요. 저는 인터넷 강의로 하면 돼요. 필요한 강의 몇 개만 사주시면 될 것 같아요"라고 대답했다.

그 말에 나는 또다시 용기를 얻어 죽을힘을 다하여 공부했다. 엄마로, 가장으로, 학생으로, 작가로, 공방을 운영하는 일까지 6년이란 시간 동안 매일 4시간 이상 잠을 줄여가며 앞만 보고 달렸다.

그 결과 2009년 시작한 늦은 공부는 2014년 12월에 학술정보원에 석사논문을 제출하면서 이학석사 학위를 성공적으로 받은 뒤 마무리되었다. 2015년엔 한국복식학회 학회지에 논문을 발표하고, 한국복식학회에서 진행하는 전통복식 큐레이터 과정도 마쳤다. 그러고 나서야 원하던 공부를 어느 정도 마무리했다는 생각이 들어 잠시 멈췄다.

10년 이상 시간이 흐른 지금, 뒤돌아봐도 그때의 선택이 옳았다는 생각이다. 그 당시 힘들어 포기했다면 지금의 내 모습은 어디서도 볼 수 없었을 것이다. 가장 어려운 시기에 아들과의 협상으로 서로 비밀이 없이 모두 공유했던 일들, 그 귀중한 경험과 대화를 통하여 어려웠던 시기를 잘 극복할 수 있었다.

아들의 이야기

1. 원인 찾기

얼마 전까지 품고 있던 의문이 있었다. 그때에는 왜 그렇게 되었을까. 그렇게 싸우기 이전엔 썩 나쁘지 않았던 가족이었다. 거의 십여 년 전인 그때에도 오래된 아파트이긴 했으나 세 가족이 살기엔 널찍한 아파트도 있었고 부모님은 두 분 다 직업이 있었다.

크레인 일을 하셨던 아버지는 그 당시 금색 그랜저 XG를 몰았다. 우리 셋이 함께 타고 짐을 한가득 실어도 뒷자리에 누울 자리가 있었으니 꽤 넓은 차였다.

어린 기억 속 시골 가는 길 넓은 뒷좌석에 누워 있으면 담배 냄새가 옅게 밴 검은 가죽 좌석은 안락한 침대 같았다. 출렁거리는 시트 위에서 라디오를 듣다 까무룩 잠이 들고 도착해서야 눈을 비비며 일어나곤 했다.

건설현장을 따라 돌아다니시다 보니 다른 지방에 있던 아버지가 일에서 돌아오는 날이면 거실에서 전기 프라이팬 같은 것을 켜 두고 오리고기나 돼지고기를 구워 먹기도 했다. 무언가가 맛있는 계절이면 나가서 외식도 자주 했다.

어머니는 그때도 수강생들을 가르치고 작품 활동을 했다. 공방에 있으면 어머니는 수강생들과 앉아 항상 무언가를 만들고 있었다. 수강생들은 친구들의 어머니일 때도 있었고, 학생들일 때도 있었다. 공방에 어머니 혼자 있는 일이 별로 없었던 것으로 기억한다.

그때까지만 해도 나는 우리 집이 썩 괜찮게 살고 있다고 생각했다. 내 어린 시선에서 보면 아주 부유하지는 않아도 자식이 무엇인가를 하고 싶다는 의사를 확고하게 보여주면 기꺼이 도움을 줄 수 있는 가족이었기 때문이다. 아버지가 집에 오는 저녁이면 함께 둘러앉아 맛있는 식사를 하고 이야기를 나누며 즐거운 시간을 보내는 우리들. 내가 기억하는 우리 가족은 그것이 전부였다. 사이가 뒤틀릴 만한 일은 보이지 않았다.

도대체 우리에게 무슨 문제가 있었을까. 어디서부터 꼬였고 어떤 것부터 잘못된 선택이었을까. 만약 영화나 드라마였다면 기꺼이 몇 번이고 '다시 보기'를 눌렀을 테지만 이것은 기억 속에서 찾아야 할 문제였다.

혼자 생각하기를 몇 개월, 도저히 결론이 나지 않아 이야기를 해보기로 했다. 내가 기억하지 못하는 부분이 분명 있었다. 일이 끝나고 돌아오는 엄마를 기다리며 밥을 하고, 묵은지에 돼지고기를 볶아 안주를 만들었다. 내가 성인이 되고 술을 마시기 시작하면서 자리 잡은 일종의 신호 같은 것이다. 하고 싶은 이야기가 있는데 조금 대화하기 껄끄러울 수 있으니, 혹은 기분이 나쁠 수 있으니 소주나 한잔하면서 이야기해보자는 그런 구체적인 신호다. 소주까지 사다 두고 기다렸다.

간단하게 이야기를 하니 어머니도 잔을 받아주셨다. 잔이 몇 번 오가고 한번 트인 이야기는 쉴 새 없이 흘러나왔다.

결혼생활의 처음이 어땠는지, 나를 낳고 자라오면서는 어땠는지. 더 깊은 이야기도 들을 수 있었다. 아버지가 어떻게 자라왔는지. 어려운 일이 생겼을 때 잠적해버린 아버지 때문에 할아버지가 술까지 드시고 했던 이야기들까지 전부 들었다.

아픈 이야기였지만 누구 하나 울지 않았다. 벌써 시간이 꽤 흐른 이야기여서 그럴 수도 있었다. 그렇지만 시간 때문이라기보다 감정을 터트리면서 서로를 위로하고 책망하기보다 단단하게 매여 있던 매듭의 끝을 찾아가는 대화여서 그러지 않았을까.

그 자리가 있고 나서 나름의 결론을 내렸다. 결국은 대화였다. 가족이지만 서로가 각자의 일에 지쳐 가족이니까 이 정도는 이해하겠지, 이 정도는 알아서 해주겠지.

나는 내 나름대로의 일을 하는 사람이고 여기저기 치여 피곤한 사람이니까, 이런 생각에 묻혀 직접 자신의 마음속 묵은 말들을 털어놓는 자리가 사라졌다. 그러니 자연스럽게 관계는 껄끄러워지고, 말은 거칠어질 수밖에.

고무호스를 수도꼭지에 단단히 고정하고 물을 콸콸 틀어두었는데 반대쪽 끝이 막혀 있다고 생각하면 편하다. 물은 나갈 수가 없으니 맴돌기만 한다. 그런 물이 많아지면 언젠가 호스는 터지고 만다. 너덜너덜해진 고무호스와 갈 길을 잃고 쏟아지는 물만 남는다.

가족이라고 해서 문제가 터지지 않는 것은 아니다. 누군가 호스의 끝을 자르고 물을 내보내야 했다. 그러나 우리 셋은 아무도 가위를 들지 않고 '셋 중 하나는 저걸 잘라주겠지' 하고 있었던 거다. 어머니는 아버지가 여태까지 해온 행동에 지쳐서, 아버지는 아버지 나름의 이유에 지쳐서, 나는 둘의 냉각되어가는 사이에서 어쩔 줄 몰라 하면서. 그렇게 말과 감정만 그득하게 차버린 관계는 어느 예상치도 못한 날 터지고 말았던 것이다.

소통하지 않는 관계는 죽은 관계다. 가족이니까, 아버지니까, 어머니니까, 아들이니까. 이런 말은 숨죽은 관계를 부풀리기는커녕 구멍을 내 남은 감정마저 흘러버리게 만들 뿐이다.

2. 해결법은 '대화'였다

언젠가 이런 글을 읽은 적이 있었다. "당신은 정말 다른 사람과 '대화'를 하고 있나요?"로 시작하는 글이었다. 중심 내용을 간단히 요약하자면, '대화는 단순히 말과 말을 나누는 것이 아니다. 그 사람이 내게 이런 말을 하는 이유와 마음을 알고 이야기를 나눠야 진정한 대화라고 볼 수 있다'라는 내용이었다. 지극히 당연한 말이다.

그러나 여기서 생각해보아야 할 점은, 우리는 얼마나 그렇게 대화하고 있느냐다. '이게 뭐가 어려워? 원래 그러는 것 아닌가?' 이런 마음가짐이 가장 위험하다.

이 책을 읽고 있는 당신은 이미 그렇게 생각했던 가족의 첫 번째 실패이자 가장 아팠던 기억을 간접적으로나마 보았다. 단순히 우리 가족만의 이야기가 아니라 누구에게나 찾아올 수 있는 이야기이다. 어머니와 나는 그 기억들로 우리만의 대화법을 찾아냈다.

어머니가 처음 공부에 관련된 이야기를 꺼냈을 때를 기억한다. 그때는 지금보다 더 어려운 시기였다. 내가 학원을 가면 어머니는 대학 공부를 할 수 없었다. 집 월세와 가게 월세, 생활비 등을 내가 벌 수 없는 상황이었기에 현실을 감당하는 것은 어머니 혼자였다.

어머니가 어렵게 이 이야기를 꺼냈을 때, 나는 선뜻 엄마가 하는 것이 맞는 상황이라고 대답했다. 보통은 고등학생이 공부하는 것이 당연하다고 생각할 것이다. 그러나 우리는 서로 대화를 나누었다. 이미 우리가 맞닥뜨린 상황에 대해서 잘 알고 있었고, 힘겹지만 우리만의 걸음을 떼는 중이었다. 나는 이렇게 생각했다.

- 나는 혼자서도 공부할 수 있는 분야다. 학원에 못 가면 책을 보고 글을 쓰면 그만이다. 그러나 어머니는 대학에 가지 않으면 어렵다. 다른 곳에서 배울 수 있을 만한 지식이 아니다.
- 당장 내가 학원에 가 공부를 한다고 수익이 발생하지는 않는다. 그러나 어머니는 대학에서 습득할 수 있는 지식과 인맥이 공방 운영과 작품 활동에 도움이 되고, 이것은 가까운 시일 내에 직접적인 가게 수입으로 연결될 수 있다. 나는 한 가지 이득에 한 가지 손해이지만, 어머니는 두 가지 전부 이득이 된다.
- 나는 아직 어리다. 만약 대학을 한 번에 못 간다면 재수를 하

면 된다. 그래도 스물하나면 대학을 갈 수 있다. 어머니는 다시 공부를 시작할 수 있는 때가 언제가 될지 모른다.

누군가 보면 어머니의 대학 진학을 이야기하는 데 수익이 어쩌고, 일자가 저쩌고 하는 것이 우습게 보일 수 있다. 그러나 우리의 상황은 그랬다. 우리에게는 우선순위를 논의해야 할 만큼 중대한 문제였다.

또 다른 케이스가 있다. 앞에서 한 이야기가 어머니의 선택에 대한 내 입장이었다면 이번엔 내 선택에 대한 어머니의 태도에 대한 이야기다.

2015년, 나는 재수를 선택해 일 년간 학교를 다녔다. 전공이 자세히 나눠지고 슬슬 심화 과정을 배우기 시작하는 2학년부터 졸업 작품을 쓰는 4학년까지 한 번에 다닐 참으로 1학년이 끝나자마자 휴학을 선택했다. 그런데 아뿔싸. 나는 시기를 잘못 잡고 말았다.

그때는 사회복무요원 적체기인 2017년도였다. 사람이 너무 몰린 탓에 바로 사회복무요원 배정을 받지 못했다. 일 년 정도야 다른 일 좀 하면서 있다 보면 금방 지나가니 여러 가지 일을 하면서 시간을 보냈다.

그러나 사람이 워낙 많은 탓인지 2018년도에도 배정이 되지 않아 꼬박 2년이란 시간 동안 대학교에 가지 못했다. 중간에 차라리 이럴 거면 복학을 하는 것이 낫지 않을까 하는 마음에 몇 번이고 대화를 나눴다.

어머니의 입장은 이랬다. '너 편할 대로 해라. 다만 내 생각엔 졸업이 중요한 학과도 아니고, 졸업한다고 꼭 무언가가 생겨나는 학과도 아니고 순문학과 예술을 공부하는 학과니 졸업하는 나이가 그렇게 중요할 것 같진 않다.' 그 말이 참 용기가 되었다.

그래서 복학 대신 휴학과 취직을 거쳤다. 그 안에 얼마나 수많은 사람을 만나고 경험을 했던지. 그렇게 대기 기간에 복무 기간까지 총 4년. 스물여섯에 2학년 복학을 하게 되었다.

그리고 2021년 12월. 나는 생각지도 않았던 중대한 문제에 마주쳤다. 평소 잘 알고 지내던 분께 전화가 와 받아 보니 블로그를 하나 맡기고 싶으시다는 의뢰였다.

보내주신 링크를 타고 들어가보니, 이건 생각보다 큰 문제였다. 맡아서 관리해달라는 것이 바로 2022년 지방선거의 한 시장 후보자의 블로그였다.

정치라니. 평소에 정치색이 없거나 관심이 없는 것은 아니었다. 오히려 어느 쪽이냐고 말하면 상대가 누구든 내 성향을 드러낼 수 있을 정도로 뚜렷한 편이다. 그러나 아직은 소설을 쓸 때 정치에 대한 생각이 내 문학에 담기는 것이 싫고, 그런 것을 다루기에는 내게 시간이 더 필요하다는 생각에 창작에 임할 때에는 뉴스와 신문도 멀리하는 편이어서 그런 글은 아예 써 본 적이 없었다.

게다가 극소수의 사람들을 제외하고는 정치인이라는 부류를 그렇게 좋아하는 것도 아니기에 더욱 생각해본 적이 없는 일이었다. 어떻게 해야 하나. '괜히 한다고 합류했다가 나오면 어떻게 되는 거지? 내가 이걸 제대로 할 수 있을지도 모르는데 괜히 한다고 껍죽거렸다가 이 사람에게 피해가 가면 어쩌지?' 같은 생각에 이 삼일 동안은 잠도 잘 오지 않았다.

그러다 내린 결론은 '에라, 죽기야 하겠어? 한번 해보지 뭐'였다. 그래도 소개해주신 분이나 정치인 분이나 오래 알고 지냈고, 사적으로도 교류가 있었기에 그렇게 어려운 일이면 나 같은 놈에게 맡기겠나 하는 생각도 있었다. 며칠 뒤 학기가 끝나고 천안에 온 12월의 겨울날, 얼마 지나지 않아 나는 선거사무실에 '메세지팀 팀장'이라는 이름으로 자리에 앉아 있었다.

이때 알아차렸어야 했다. 어려운 일이라서 아는 사람에게 전화했다는 것, 그리고 내가 원래 거절을 못 하고 몰입하면 다른 일이 잘 안 보이는 성격인 걸 다들 잘 알고 있다는 것.

원래 처음 해보는 일들은 적응할 시간도 주지 않고 빠르게 다가 오기 마련이라지만, 이건 한층 다른 느낌이었다. 내 마음대로 인물과 사건을 만들어낼 수 있는 소설보다 현실적이어야 하고, 사람들에게 다가가는 글이어야 했다. 그렇다고 감성과 비유로 마음에 다가가는 시의 느낌은 또 아니었다.

현실적인 글이어야 하고, 그와 동시에 한 정치인의 힘 있는 뜻에 대해 때로는 공감을 불러일으키고 감성적이지만 길을 제시할 수 있는 문장과 단어여야 했다. 너무 길어도 안 되지만 또 너무 짧으면 내용이 없어 보일 수 있으니 적당한 길이를 유지해야 했다. 또 검색이나 공통 관심사를 가진 사람들의 눈에 띌 수 있도록 제목과 태그도 고민해야 했다.

그래도 하다 보니 어떻게든 되었다. '내용 잘 보았다, 이런 건 또 어떠냐' 하고 들어오는 의견도 엄청나게 쏟아졌다. 연령대도 제각각, 성별도 제각각. 직업도 전부 다른 사람들의 수많은 의견을 하나씩 뜯어보며 매일 고민했다. 이 짧은 한 줄의 글로써 사람을 설득하는 방법은 어떤 것일까, 어떻게 쓰면 더 많은 사람들이 이 정치인의 의견에 공감해주고 함께하며 '우리 편'이 될 수 있을까, 그들이 선거일에 우리에게 한 표를 행사하게 만들 수 있을까, 그런 고민이었다.

물론 모든 과정이 행복하고 즐겁지는 않았다. 그러나 직접적으로 내 삶에 관련되어 현실적으로 다가올 수 있는 문제를 언어로써 다룬다는 것은 문학과는 또 다른 재미를 주었다.

무엇보다 내 연령대에서는 평소에 만나기 힘든 사람들(이를테면 언론사 사장이라던가, 시장 상인회 회장이라던가, 시의원과 도의원 같은 사람들)을 만나고 특정 주제에 대해 심도 있는 대화를 나눌 수 있는 것이 즐거웠다.

결과가 좋았다면 참 좋았을 일이다. 그러나 세상일이 전부 나 좋은 대로 돌아갈 수는 없는 것이니 아쉬워도 어쩔 수 없었다. 글로 쓰는 지금은 시간도 지났고 마음도 추슬렀으니 '쿨한 척'을 좀 했지만, 결과 발표가 있던 날 밤엔 제대로 걷지도 못하게 취해선 엉엉 울었다.

그렇게 쉴 새 없이 달려온 5개월 반 동안 많이 지친 심신을 잠시 쉬고 있는데 닥친 문제는 복학이었다. 이대로 2학기에 복학을 해 조금이라도 더 일찍 학교를 마칠 것인가, 아니면 돈을 좀 벌어서 여유 있게 학교를 다닐 것인가 하는 그런 현실적인 문제.

나는 좀 더 쉬고 싶었다. 잠시 쉬엄쉬엄 하면서 돈을 좀 벌 수 있는 일거리도 몇 가지 있었고 무엇보다 그렇게 즐거워하던 글쓰기에 지쳐 있었다. 글과 이야기에 관련된 일에 잠시 거리를 두고 싶어서 쉴 때는 책도 영화도 드라마도 보지 않고 가만히 누워 있었다. 모든 것을 불태우고 열기마저 식은 재만 안고 있는 느낌이었다.

이것도 안주에 소주 한잔 곁들이며 이야기를 했다. 솔직하게 모든 것을 털어놓았다. 지금 어떤 마음인지, 무엇을 하고 싶은지도 모르겠다고. 조금 쉬고 싶다고 말했다. 어머니는 강요하지 않았다. 그냥 안주도 제대로 집어먹지 않고 술만 계속 부어대는 아들이 주정을 부리는 것을 받아주셨다. 네가 움직일 수 있을 때, 하고 싶은 것이 다시 생길 때까지 쉬라고만 하셨다.

그렇게 조금 쉬다 보니 몸도 마음도 조금 추슬러졌다. 휴학도 연장한 김에 다시 일을 찾아야 했다. 그런데 참, 사람 사는 것과 인간관계는 어디서 어떻게 될지 모른다더니 생각지도 않은 일들도 들어왔다.

캠프에서 주로 맡아서 하던 일들, 그리고 도와주던 일들이 있었고 그 과정에서 하도 많은 사람들을 만나다 보니 영상 촬영에 편집, 유튜브 관리, 블로그 관리에 홍보 마케팅 업무까지 우르르 쏟아졌다. 그때가 2021년 6월이었는데 그해 12월 말까지 일정이 꽉 차 있었으니 또 온 힘을 쏟으며 달려온 셈이다.

대학에 복학하는 2023년이면 벌써 스물여덟이 된다. 졸업이 참 많이도 늦어졌다. 그렇지만 후회하지 않는다. 나는 내가 하고자 하는 일들에 온 힘을 쏟아부었고 결과와 사람들을 얻었다. 또다시 달려나갈 수 있는 힘을 얻은 것은 덤이다. 돌아보면 정말 객기에 가까운 자신감이었다. 그러나 내게는 나를 믿어줄 사람, 언제나 대화할 수 있는 사람이 집에 있었다.

이 책을 읽으시는 부모님들께서는 자식에게 그런 사람이 되어 주셨으면 한다. 마음과 몸이 지치면 잠시 앉아서 쉴 수 있는 집 같은 사람, 잠시 푸념이나마 들어줄 수 있는 그런 사람 말이다. 사소한 과정들이 겹치고 겹쳐 아이들에게는 그 무엇보다 큰 힘이 된다.

V

부모는 아이들에게 거울이며 이슬이다

엄마의 이야기

1. 엄마 허리에서 본 갈색 반달

내가 어릴 때 엄마의 모습을 떠올려보면, 늘 밭에서 허리를 숙이고 일하시는 모습이 가장 먼저 떠오른다. 초등학교 다닐 때 농한기인 겨울을 빼고 엄마와 아침밥을 함께 먹어본 적이 별로 없었다.

기억은 나지 않지만 할머니와 엄마의 말씀으론 오히려 내가 학교 가기 전 작은 함지박에 밥과 반찬을 그릇에 담아 머리에 이고 밭에서 일하시는 엄마에게 가져다드리고 학교에 갔다고 하셨다. 아마 어린 나이에도 엄마가 아침도 못 드시고 일하시는 것이 마음에 걸렸던 모양이다.

어둠이 채 가시기도 전에 밭에 나간 엄마는 해가 지고 어두컴컴해지고 나서야 집에 돌아오기 일쑤였다. 밖에서 친구들과 늦게까지 놀다가 집에 들어가면 할머니한테 동생 안 돌보고 놀다 왔다고 야단맞는 것이 싫어 안 들어가고 엄마가 오시는 길모퉁이에 서 시끄럽게 우는 개구리 소리를 친구 삼아 흙바닥에 낙서를 하며 엄마를 기다리던 모습이 떠오른다.

초등학교인지 중학교인지 기억이 확실하지는 않지만 어느 여름날 엄마 등을 닦아드리다가 등허리로 눈이 갔다. 그런데 엄마 허리에 진한 갈색으로 반달같이 생긴 것이 있었다. 처음엔 흉터 아니면 점이라고 생각했다.

시간이 흐른 후에 알았다. 그건 햇볕에 살이 탄 자국이었다는 것을. 그 자국이 겹치고 겹쳐 흉터나 점처럼 보일 정도로 짙어졌다는 것을.

밭에서 하루 종일 일하시다 보면 상의는 위로 올라가고 하의는 살짝 내려가니 그곳이 햇볕에 장기간 노출되면서 그을린 자국이었다. 사실 어린 시절에는 일밖에 모르는 엄마가 속으로 너무 미웠다. 다른 친구들 엄마처럼 학교 갔다 돌아오면 집에서 반갑게 반겨주시고 숙제나 준비물, 간식도 챙겨주시는 그런 엄마의 모습이 늘 그립고 부러웠다. 그래서 나는 결혼해서 아이를 낳으면 그렇게 살지 말아야지 생각했다.

그러나 어느 순간 뒤돌아보니 나도 엄마와 같은 모습으로 살고 있더라.

자식들은 부모가 행동하는 대로, 말하는 대로 성장하며 살아간다. 엄마가 늘 우울하고 불안정한 상태로 양육을 하면 그 아이의 성장 과정에 문제가 생길 확률이 높다. 내가 행복하면 당연히 아이도 행복하다.

부모가 삶에서 늘 긍정적이고 열심히 사는 모습, 특히 아이 곁에서 가장 가까이 있는 엄마의 모습은 아이들에게 이슬과 같은 존재이다. 아무리 사막이라 할지라도 기온 차이에 의해 맺히는 이슬처럼, 그 이슬방울은 작은 생명체에 최소한의 물을 공급하고 작은 생명을 살리는 이슬이다. 그런데 그런 역할을 하는 이슬이 오염되었다면 어떻게 될까!

완벽을 추구하려는 욕심에 아이에게 나와 똑같은 삶을 요구한다면 그것은 결국 서로에게 상처를 주는 결과밖에 남지 않는다.

2. 모든 사랑이 옳은 건 아니다

태어나보니 나에게 주어진 환경, 그것은 나의 선택이 아니다. 그러나 살면서 그 환경에 어떻게 대응하고 마음먹는지에 따라 그 사람의 기본적인 성격과 인성이 형성된다.

가령 어려움 없이 모든 것이 완벽한 가정에서 태어난 아이가 있다고 하자. 어떤 것이든 말만 하면 모든 걸 척척 다 해주는 부모가 아이를 기른다. 아이에게 하나의 흠결도 없이 키우고 싶은 욕심이 있는 부모이다. 아이는 자라서 자신들보다 더 훌륭한 사람이 되어야 한다고 굳게 믿으며 자식을 자신의 소유물인 듯 키운다.

그런데 아이가 성장하며 사과하는 것으로는 끝나지 않을 만큼의 잘못을 저질렀다고 하자. 그러면 이 부모들은 아이의 잘잘못을 따지기 이전에 남의 시선이 두려워 알아서 덮어버리고 뒷마무리를 다 해주고 만다.

아이는 그것에 익숙해진다. 책임을 지는 법과 책임에서 오는 두려움을 모른 채 말이다. 불가피하게 책임을 져야 하는 상황이 생기면 두려워 숨어버린다. 또 부모는 모든 상황을 해결하고 숨어버린 아이를 찾아 안심시킨다.

그리고 아이가 하는 행동이 자신의 마음에 들지 않을 때는 폭력으로 아이를 제압시킨다. 부모는 그것을 자신들이 자식에게 줄 수 있는 최고의 사랑이라고 생각한다.

대개는 이런 말들을 한다. "세상에서 네가 최고다. 아무 걱정도 하지 마라. 엄마 아빠가 다 해줄게. 너는 공부나 해. 너의 살아갈 미래는 부모인 우리가 다 알아서 만들어줄 테니 너는 시키는 대로 잘 따라오면 된단다. 너는 아무런 잘못이 없어. 우리가 살아온 경험이 옳으니 반항하지 말고 따라오면 되는 거야. 그러니 너의 생각은 중요하지 않아. 다른 생각 말고 정해진 대로 열심히 따라오면 된다."

하나 구체적인 상황으로 예를 들어보자. 아이가 친구와 심하게 다투고 돌아왔다. 그 친구가 너무너무 싫다고, 안 보고 살았으면 좋겠다고 말한다. 아이는 화를 쉽게 가라앉지 못하고 부모는 구체적인 상황을 모르는 상황이다. 어떻게 된 일이냐고 물어보니 아이는 자기의 시선과 입장에서만 이야기한다.

부모는 그 말이 전부 다 맞는 것이 아닌 걸 알아도 아이의 편을 들어준다. 이때 부모의 대답이, "그래 보기 싫으면 만나지 마라. 그까짓 친구 하나 안 보고 살면 그만"이라고. 비슷한 일이 있을 때마다 같은 방법으로 아이의 편을 들어주면 그 아이는 삶 속에서 인간관계와 사람 사이에서 행동하는 방법을 어떻게 생각할까?

아이는 그런 방식을 그대로 배우고, 어떤 일이든 하기 싫으면 안 하고, 문제가 생기면 외면하고, 누군가 해결해주기를 바라는 아주 위험한 방식 그대로 타인에게 영향을 주면서 살아가게 될 것이다.

그런 환경에서 자란 아이가 성인이 되고 대학을 다니고 취직하여 직장을 다니게 되었다고 가정하자. 부모는 이제 다 키웠다고 마음을 놓는다. 그런데 어느 날, 다닌 지 얼마 되지도 않았는데 갑자기 이런 말을 한다. "도저히 이 직장은 힘들어서 못 다니겠다." 이직이나 재취업에 대한 아무런 계획 없이 툭 말을 던지고 무언가 조치를 하기도 전에 그만둬버렸다.

직장상사와 너무 부딪히고, 그 사람이 밉고, 자신과 성격이 맞지 않아 그만두었다며 이미 사직서를 내고 왔다. 부모가 늘 자신에게 해주던 방법대로 한 행동이다. "그래 네가 힘들면 하지 마라." 다 커버린 아이의 생활비가 모두 부모의 통장에서 빠져나가기 시작한다.

바뀐 것은 아이와 부모의 나이일 뿐, 그들이 세상을 대하고 사람을 대하는 태도는 전혀 달라진 것이 없다. 언제까지 아이의 이런 행동을 감싸줄 수 있을까!

반대로 안정적으로 살 수 있는 집조차 없고 능력 없는 부모가 있다고 하자. 그러나 늘 웃고 서로의 이야기를 잘 들어주는 가족들이 있는 환경이다. 실수나 잘못을 했을 때는 스스로 해결할 수 있도록 가족들과 논의를 한다.

아이는 잘잘못을 정확하게 따져 판단하는 것을 배워 그 방식에 익숙해진다. 무엇인가 중대한 결정을 내려야 할 때 혼자 결정하기보다는 먼저 가족과 상의하고 여러 가지 수를 생각해서 고민하고 결정하는 방식이 머릿속에 자리를 잡는다.

부모의 생각을 심어주기보다는 아이의 생각을 존중해주고 실수 혹은 실패를 하더라도 어떤 일이든 협상을 통하여 스스로 결정하는 방법을 가르쳐준 부모님과 또한 그렇게 자란 아이. 두 가정에서 자란 아이가 갖는 삶에 대한 태도에는 많은 차이가 있을 수밖에 없다.

첫 번째 사례의 아이는 사회생활과 결혼생활 모두 이런 방식으로 해결하게 된다. 어떤 일이나 관계를 지속하다 힘이 들거나 혹은 실패할 때마다 세상과 타협하지 못하고 숨어버리거나 부모에게 의지할 수밖에 없다. 그런데 갑자기 더 지원하지 않겠다고 한다면 어떻게 될까? 아마 뉴스에서 보는 괴물이 되어 있을지도 모른다.

그럼 두 번째 아이의 삶은 어떨까? 어렵게 살던 때의 기억에 모두 부정적인 것만 있지는 않을 것이다. 그저 남 탓만으로 시간을 물처럼 쓰지는 않을 것이다. 어떤 일이든 체계적으로 꼼꼼하게 계획하고 도전하고, 실패하더라도 실패의 원인을 찾고 다시 도전하는 모습의 어른일 것이다.

3. 습관, 그놈의 습관

1995년 천안역 부근에서 공방을 운영할 때는 길 건너에 대학서림이라는 대형 서점이 있었다. 요즘 친구들은 이해하지 못하겠지만 그 시절에는 약속 장소를 서점으로 하고 책을 보며 사람들을 기다리는 풍경이 낯설지 않았다.

그 시기 임신 중이었던 나는 시간이 날 때마다 그곳에서 책 읽는 것을 좋아했다. 여름엔 시원하고 겨울엔 따뜻한 서점이 나의 쉼터였다. 임신했을 때부터 서점에서 시간 보내는 것을 좋아했고, 아이가 태어나면서는 유모차에 태워 함께 그곳에서 시간을 많이 보냈다. 여름엔 시원하고 겨울엔 따뜻하니 그냥 그곳에 있는 것이 좋았다.

아이가 커서 서너 살 무렵부터는 혼자서도 그곳에서 놀기를 좋아하였는데, 매일 간다고 해서 책을 매일 사는 것은 부담스럽기도 하고 소중하게 생각하지 않을 것 같아서 일주일에 두 권만 사기로 약속을 하였다.

한 권은 본인이 사고 싶은 책, 한 권은 엄마가 권해주는 책. 이것은 편독을 막기 위한 나만의 방법이었다.

그렇게 책을 사는 우리만의 습관이 시작되었다.

일주일에 딱 두 권만 사는데, 신중하게 생각해서 꼭 읽고 싶은 책만 사자는 것이었다. 그때 산 책들 중 아직도 책꽂이에 꽂혀 있는 책들이 많은데, 그중에서 임신했을 때 산, 양귀자 작가의 현대문학 당선집인 『곰 이야기』라는 검은색 표지의 책이 있다. 지금도 가끔 들춰보면 기분이 새롭다.

아이가 아장아장 걸음마를 시작할 무렵에도 소리 지르거나 뛰지 않고 서점에서 잘 놀았고, 15개월 이전부터 어린이집에 다녀서인지 책에 관심이 많아 잠자기 전 다섯 권 이상의 책을 읽어줘야 잠을 잤다. 처음엔 읽어달라는 대로 다 읽어주었는데 목도 아프고 너무 힘들어 하룻밤 읽을 수 있는 책의 권수를 정했다.

그러다가 글씨가 아주 큰 동화책을 선택하여 한 줄은 내가 읽고 다음은 아이가 읽는 방식으로 매일 밤 놀이를 하듯 책을 읽었다. 다음 날은 읽는 순서를 서로 바꿔서 읽었다. 두 살 무렵 시작한 한 줄씩 바꿔 읽기 놀이로 한글을 읽을 수 있게 되면서 전날

밤 읽은 책을 어린이집에 가져가는 것을 아주 좋아했는데, 어린이집에 없는 새로운 동화책을 찾아내는 것을 즐거워하였다.

어린이집 선생님께서 책 읽어주는 시간에 자기가 가져온 책을 읽어줄 때 많이 좋아한다고 말씀해주셨다. 아마도 칭찬의 힘이 아니었을까.

그러다 보니 자연스럽게 어린이집에서 돌아오면 서점이 아이의 놀이터가 된 것이다. 사실 공방에 있어 봐야 엄마는 바쁘고, 사고 치면 야단이나 맞고 딱히 같이 놀아줄 사람들도 없고 하다 보니 공방보다 더 서점이 좋았는지도 모를 일이다.

5살이 넘어서는 킥보드를 타고 천안역 앞에 있던 양지문고까지 진출했다. 집에 갈 시간이 되어도 돌아오지 않아 서점에 전화해서 집에 보내달라고 부탁하는 일도 종종 있었으니까. 아이는 두 서점을 오가며 나름대로 즐거운 시간을 보냈다.

아이가 9살이 되던 2005년 9월쯤 공방을 지금의 동네로 이사하면서 아이의 신나는 서점 놀이는 더 이상 계속될 수 없었다. 새로 이사한 집과 공방과 학교 근처에는 서점이 없었기 때문이다. 꼭 그러려고 그런 건 아니지만 나는 책을 한 질로 한꺼번에 많이 사주는 건 하지 않았다.

아마 서점이 가까이 있으니 굳이 그럴 필요를 느끼지 못하기도 했고, 그렇게 한꺼번에 많이 사주면 호기심도 없고 질려서 책을 읽지 않고 그저 한쪽 벽 장식품처럼 될 것 같다는 생각이 들어서였다.

맛있는 음식도 너무 많이 쌓여 있으면 맛이 없고 먹기 싫어지니까 말이다. 하물며 책을 잔뜩 쌓아두고 아이에게 읽으라고 강요하면 거부하기 마련이지 않을까! '한꺼번에 많이'가 아니라 조금씩 천천히 반복해서 읽고 귀하고 소중하게 생각하도록 습관을 들으면 나이가 들어도 그 습관이 오래도록 지속될 수 있다고 생각해서였다.

엄마들의 욕심으로 아이의 나이에 맞춰서 책을 책장에 한가득 채워놓고 아이들에게 억지로 강요하면 잘 읽던 아이들도 싫증을 내기 마련이다. 실제로 많은 아이들 중에서 책장을 꽉 메운 책들을 모두 읽은 아이들이 얼마나 될까?

아이가 초등학교 고학년 때, 아들 친구 엄마의 권유로 꼭 필요한 책이라고 해서 몇 질의 책을 할부로 구입한 일이 있었다. 그 책의 반 정도를 읽었다면 그것은 성공한 것이다. 지금도 책장 맨 아래 칸을 차지하고 있는 그 책들 중 한번도 들춰보지 않은 것들이 더 많을 것이다. 그 이후로 난 책을 한꺼번에 많이 사지 않는다. 그리고 아이가 어릴 때 했던 그 약속을 지금까지 지키고 있다.

- 일주일에 책은 딱 두 권만 산다.
- 책을 살 때는 네가 사고 싶은 책 한 권, 엄마가 권해주는 책 한 권.

그렇게 길들여진 습관은 일주일에 두 권은 아니지만 지금도 이어지고 있는데, 방법이 좀 달라졌다.

지금은 '아들이 사고 싶은 책, 나는 아들이 나에게 추천해주는 책'이다. 사실 지금은 아이와 내가 책 보는 스타일이 너무 많이 달라서 잘 지켜지지 않고, 지킬 수도 없는 약속이지만 말이다. 그리고 그 습관 때문인지 자주 사더라도 한꺼번에 많이 사지 않고 서점에 가서 이것저것 읽어보고 마음에 드는 책을 사는 것을 아주 좋아한다.

물론 나로 인해 생긴 아이의 나쁜 생활 습관도 있다. 스스로 하는 정리정돈을 가르치지 못했다. 아니, 스스로 정리할 시간을 기다려주지 못했다.

아이를 낳고 3주도 지나지 않은 상태로 좀 빠르게 공방으로 출근을 하기 시작했다. 정말 작은 아기를 데리고 공방이 문 닫는 시간인 밤 9시가 되어야 퇴근을 하는 날들이 많았다. 사실 아기 때는 큰 사고가 없었는데, 보행기를 타기 시작하면서는 사건 사고가 끊이지 않았다.

하루는 아침에 아기가 변을 봤는데 빨간색인 것이다. 너무 깜짝 놀랐지만, 아이가 보채지 않고 잘 놀기에 하루를 잘 지켜보면서 넘겼다. 그리고 며칠 후 또 변이 이상한 색으로 나와 '오늘은 출근하자마자 병원부터 데려가야지' 하고 나왔다. 그리고는 혹시나 해서 진열장에 있는 수채화 물감을 보니, 세상에나! 보행기를 밀고 다니다가 손에 닿는 물감을 잡히는 대로 물어뜯어 먹은 것이다.

일을 하다가 잠시라도 한눈을 팔거나 아이가 조용하면 그때는 항상 크고 작은 일들이 벌어지곤 했는데, 물감을 먹었으리라고는 상상도 하지 못했다. 그때 공방 한구석에 아이가 놀고 쉴 수 있도록 작은 공간을 만들어주었는데 장난감이며 책들을 가지고 놀다가 다 어질러놓으면 나는 뒤를 따라다니며 치우고 정리를 하였다.

울고 짜증을 내면 주변 사람들에게 피해를 줄까 봐 아이가 원하는 것을 다 들어주었다. 타인의 눈을 많이 의식하며 살았던 것이다.

9시가 넘어 집에 들어와서도 늦은 저녁을 먹이거나 간식을 먹고 씻기고 조금 놀다가 아이를 재워야 했다. 아마 그 시간도 12시가 넘은 시간이었다. 아이가 잠들고 나면 그때부터 아이가 놀고 먹다가 어질러놓은 흔적들을 정리했다. 다람쥐 쳇바퀴 돌아가듯 아이가 9살이 넘을 때까지 이런 생활방식이 계속되었다.

엄마 때문에 늘 집에 있는 시간보다 밖에 있는 시간이 많았고 늘 시간에 쫓기며 살다 보니, 나는 아이가 읽고 어질러놓은 책이나 장난감들을 정리할 수 있는 시간을 주지 않았다.

말로만 "치워야지, 정리해라, 책은 보면 책꽂이에 꽂아라." 입으로 잔소리만 할 뿐 기다려주지 않았고 결국 성질 급한 내가 정리하며 따라다니고 있었다.

세 살 버릇 여든 간다고 했던가. 의식적으로 해야 한다는 건 알았지만 기다려주지 못했다. 그래서인지 지금도 아이는 정리정돈을 잘 못한다.

주변을 정리하는 작은 습관들은 어려서부터 느리더라도 스스로 할 수 있도록 기다려주고 잘하면 칭찬해주며 정리하는 습관을 길러주어야 했는데 그렇지 못했다.

20년을 넘게 키워 세상 밖으로 내보내려 하니 생활 속에서 정리하는 습관이 잘못 길들여져 미흡한 것이 미안하고 또 미안하다.

지난 세월을 후회하기보다 지금이라도 성인이 되었으니 부끄럽지 않게 정리정돈을 하라고 하지만 길들여지지 않은 나쁜 습관은 쉽사리 고쳐지지 않는가 보다.

4. 경제관념

아이가 어릴 때부터 늘 엄마와 함께 다니다 보니 또래 아이들과 어울려 놀기보다 어른들과 어울리는 시간이 많았다.

매일 사람들을 만나야 하는 엄마의 생활 속에서 만나는 지인마다 귀엽다고 "과자 사 먹어"라며 주는 용돈이 꽤 되었다. 그러다 보니 돈이 생기면 있는 대로 쓰고 돈에 대한 소중함을 모르는 것 같아 속상하고 걱정이 되었다.

여섯 살 무렵 서예학원에 다닐 때 일이다. 서예를 연습하는 곳이라 어르신들이 많이 계셨고 아이들은 몇 명 되지 않았다. 동네 친한 형들인 두 형제와 아들이 전부였으니까. 유일하게 친했던 형들이 서예학원에 다니는 것이 좋아 보였는지 형들 따라가겠다고 하여 5살 때부터 놀러 다니기 시작한 서예학원이다.

원장님이 아직 어리니 내년에 오라고 말씀하시니 다니고 싶다고 하도 울어 그냥 놀러 다니라고 보낸 것이었다.

유치원에서 돌아와 서실에 갈 때, 상가 앞에서 파는 호두과자인지 땅콩빵을 좀 넉넉하게 사서 어르신들과 나누어 먹으라고 보냈더니 서실에 계신 어른들이 천 원씩 주셨다고 엄청 좋아하며 돌아왔다. 나는 아들에게 다시 서실에 가서 돈을 돌려 드리게 하고는 돌아온 아이를 아주 많이 혼냈던 일이 있었다.

어쩔 수 없이 공방에 있는 시간이 많아졌고, 어른들이 귀엽다고 주시는 돈 때문에 아이가 버릇이 나빠질까 걱정되었기 때문이다.

그렇지 않아도 할아버지 할머니가 하나뿐인 손자라고 원하는 것을 모두 들어주시고 과하다 싶을 만큼 감싸안아주시는데, 주변 어르신들까지 챙겨주시니 나는 사실 많이 불안했다.

그렇다고 엄마가 모아준다고 달라고 하는 것도 나는 내키지 않았다. 처음에는 태어날 때 만들어준 통장에 본인이 직접 은행에 가서 저축하게 했는데 돈이 모이면 쓸 일이 생겨 그것 또한 좋은 방법이 아닌 듯했다.

초등학교 3학년이 되었을 무렵 아이와 함께 가까운 농협에 갔다. 본인이 직접 농협 직원과 의논을 하여 한 달에 오만 원씩 통장에 입금하고 삼만 원은 정기적금, 이만 원은 펀드로 계좌이체

하는 것으로 엄마가 대신 해주는 것이 아니라 직접 은행거래를 시작할 수 있도록 해주었다.

한 달에 오만 원을 못 모았을 때는 내가 계좌이체로 채워주고 추석이나 설 때 용돈을 받으면 다시 돌려받는 형식으로 시작하였다. 3년 만기로 시작을 하였으니 중학생이 되면 그 시기에 맞는 금융상품으로 알아서 다시 가입하는 것으로 약속을 하였다.

그런 방법으로 꾸준히 10년이 되고, 20살이 되었을 때 그 종잣돈으로 꼭 하고 싶은 것을 경험해보라고 했다. 본인이 오랫동안 모은 소중한 돈으로 해보는 경험이라면 무엇을 하든 헛되지 않을 것이라고 생각했다.

중학교 1학년 때 3년 만기 적금을 타고는, 적금은 이율이 너무 낮고 펀드는 위험부담은 있지만 잘 판단하면 이율이 적금보다 높다는 것을 느끼며 참 뿌듯해하였다.

어느 날 학교를 다녀와서는 어디서 기업은행 홍보지를 보았는지 농협보다 기업은행이 이율이나 금융상품이 더 효율적이라고 거래 은행을 바꾼다고 했다.

미성년자이므로 혼자서는 은행거래가 자유롭지 않아서 함께 새로 지점을 연 기업은행에 갔다. 대기 의자에 앉아서 펀드매니저와 상담하던, 교복을 입은 작은 꼬마가 지금도 눈에 선하다. 이후 잘하다가 중학교 3학년 초 가정에 문제가 생기면서 더 이상 이어지지는 못했다.

끝까지 잘했으면 어땠을까 싶었지만, 그 경험은 헛되지 않았다. 지금도 작은 용돈에서 조금씩 저축하는 습관과 경제에 대한 관념과 습관이 있어 많이 걱정되지는 않는다. 그리고 잘할 것이라고 믿는다.

- 세상의 흐름에 민감한 사람이 되자.
- 평균적 인간을 바탕으로 설계된 삶의 시스템은 실패하기 마련이다.
- 지금 현재의 교육법은 개인의 존엄성을 살리는 방법을 상실했다. 개개인의 원칙을 작동하면 엄청난 변화가 일어나기도 한다.

5. 아버지에게 배운 지혜

우리 아버지는 어려운 환경에서도 정의롭고 참 유머와 재치가 많은 분이시다. 내가 20살이 될 무렵까지 아버지는 농사가 본업이셨다.

어렸을 때부터 아버지는 영농후계자 활동을 하시며, 농촌지도소(지금의 농업기술센터)에서 씨앗을 가져다가 정해진 규정대로 농사를 지어 추수가 끝나면 다시 농업기술센터에서 구매해가는 방식의 농사를 지었다. 지금의 계약재배 같은 방식으로 하는 일을 하셨다. 해마다 씨앗의 종류가 달랐는데 고추, 참깨, 수박 등 다양하게 재배하셨다.

고추를 재배하실 경우 비닐하우스에 고추씨를 뿌리는 일부터 시작해서 1차, 2차 가식이 끝나면 밭에 옮겨 심는데 이때 아버지는 밭고랑마다 이름을 붙여 할당을 주시고 본인 일이 다 끝나면 친구들과 놀아도 좋다고 하셨다. 그러니까 밭고랑마다 이름이 있는 것이다. 은아 밭고랑, 은미 밭고랑….

처음부터 자기가 맡은 밭고랑은 끝까지 책임을 져야 한다. 고추를 대충 심어 죽으면 그다음 주에 다시 심어야 했다. 예를 들어 밭고랑의 잡초를 뽑아야 하는 경우, 성질이 급하고 친구들하고 놀기를 좋아하는 나는 대충 호미로 위 잎만 긁고 뿌리는 제거하지 않고 다 했다며 친구들과 놀러 나갔다. 그러나 언니는 천천히 잡초를 뿌리까지 제거하며 깨끗하게 일하는 성격이었다.

둘이 그렇게 잡초를 제거하고 일주일 후 밭에 가서 보면 언니 고랑은 깨끗했다. 그렇다면 과연 내 고추 밭고랑은 어땠을까! 뿌리를 완전하게 제거하지 않은 내 밭고랑엔 잡초가 다시 자라서 처음부터 다시 해야 했다.

참깨를 재배할 때도 본인의 고랑을 표시하고 비닐 위 구멍에 씨앗을 넣었다. 한 구멍에 3알씩만 넣으라고 했는데 후딱 해치우고 놀러 나갈 생각에 빨리 씨앗을 넣은 나의 밭고랑은 한 주가 지나면 구멍마다 참깨 싹이 가득했다.

그러면 아버지는 말없이 면도칼을 내미셨다. 그 의미는 한 구멍에 싹을 3개만 남기고 자르라는 뜻이다. 뽑다가 잘못하면 다른 싹의 뿌리에 나쁜 영향을 주기 때문이다. 그때는 몰랐다. 어떤 일이든 기준을 지켜 최선을 다하며 시간을 들여야 한다는 것을 말이다.

처음 고추를 심는 것만 중요한 것이 아니라 자라는 동안 잡초도 뽑고 해충도 막아주어야 하며 물과 바람에도 피해가 나지 않도록 늘 지켜봐줘야 잘 키울 수 있고 시기를 놓치지 말고 열매를 거두어 제대로 잘 말려야 상품 가치가 있는 고추를 얻을 수 있다.

잡초도 제거 방충 시기에 맞춰 열매를 추수하여 햇볕에 잘 말려야 하는 과정 등 어느 것 하나 소홀함이 있어도 좋은 상품의 고추는 기대하기 힘들다.

그렇게 농사 과정을 직접 경험하면서 어떠한 과정 하나라도 대충하면 결국 다시 반복해야 하고, 어떤 것 하나라도 소홀하게 하면 한 해 농사를 망칠 수 있다는 것을 알게 되었다.

이 과정을 통해 살면서 어떠한 일을 하더라도 대충대충 하지 않고 늘 신중하게 생각하는 습관이 생겼다. 하기 싫었던 일이라도 어쩔 수 없이 시작해야 하는 경우도 끝까지 잘 마무리해야 한다는 습관이 나도 모르는 사이 나의 몸에 익숙해져 있었다. 아버지가 우리에게 무엇인가 깨달음을 느끼라고 그런 방식으로 밭일을 시키지는 않으셨을 것이다.

왜냐하면, 일요일 자신에게 주어진 할 일을 하지 않으면 일주일에 천 원 주시는 용돈을 주지 않으셨기 때문이다. 나의 아버지는 현명하셨지만 지금 이런 방법을 쓴다면 아마 아동학대가 아닐까!

과거에 어디서 어떻게 누구와 어떤 방법으로 살았는지에 따라 본인의 미래에는 분명한 차이가 있다고 생각한다. 같은 물이라도 어떤 환경에 있는지에 따라 쓰임이 다르기 때문이다. 산속에 맑은 물로 흐르고 있는지, 폐기물과 섞인 하수구에 고여 있는 물인지에 따라 그 물의 쓰임과 용도가 다른 것처럼 말이다.

또한 같은 환경에 있더라도 무슨 생각을 하느냐에 따라 평가는 다르다. 지식만 높다고 하여 잘살고 행복한 것은 절대 아니다. 삶의 지혜와 미래에 대한 비전이 있다면 어디서 무엇을 하며 살아도 행복할 것이다.

지혜란 어디서든 어느 순간이든 명쾌하게 대처하는 방법을 생각해내는 능력이라고 한다. 그리고 신속하게 깨닫고 올바르게 뚫고 나가는 힘이기 때문이다.

지혜롭지 못하면 영원한 스타도 없듯, 지혜롭지 않으면 어떤 일이든 영원히 잘할 수 없다. 다만 주변의 환경은 분명 차이는 있을 수 있다.

반대로 지식은 교육이나 경험, 연구를 통하여 얻은 사물이나 특정 분야에 대한 정보를 많이 알고 있는 것이라 말할 수 있다. 좋은 대학을 졸업했다고 해서 취직이 잘되고 잘사는 것은 절대 아니다. 공부를 많이 했다고 지식이 높다고 다 행복할까? 그것은 절대 아니다.

웃으면서 행복하게 살고 싶다면 좋은 대학에 가는 것이 중요한 것이 아니라 내가 하고 싶은 일을 주도적으로 하는 것이다. 그 직업을 가졌을 때 도움이 되는 대학이 좋은 대학이고 그 일을 실행할 때 지식과 지혜를 두루 갖출 수 있다면 좋은 대학이 아닐까 생각한다.

미래에 내가 하고 싶은 영역의 일을 하고자 할 때 꼭 필요한 지식과 경험을 얻을 수 있는 대학이 아니고 남들이 말하는, 이름만 들어도 아는 대학을 타인들의 눈을 의식해 선택했다면 내가 하려는 일에 시너지가 생길까?

나의 인생이라는 무대에 주인공은 나다. 내가 주인공이 되어야 하는 무대에 주연이 되어야지 조연이 되면 안 되지 않을까? 그러기 위해서는 주도적으로 지혜롭게 지식을 얻어 삶의 질을 향상시킬 수 있는 그런 방법을 선택하여야 한다.

지혜로운 사람은 어떤 기회가 왔을 때 현명하게 내 것으로 만든다. 그리고 기회는 늘 가까이에서 당신을 기다리고 있다. 다만 알아차리지 못하는 것은 나의 지식수준만 믿고 아무것도 하지 않는 것이 문제일 것이다.

6. 어른은 아이에게 거울이다

오랜 세월 아이들을 가까이에서 만나다 보면 부모님을 직접 보지 않아도 아이가 하는 행동이나 말투를 보면 대충이라도 가정환경이 짐작된다.

아이들은 성장 과정에 있어 가장 가까이에서 함께 사는 사람의 영향을 많이 받는다. 가령 조부모님과 생활을 많이 하면 그분들의 말투와 생활방식뿐 아니라 몸에 배어 있는 언어라고 할까! 몸의 언어(김창옥 강사님의 표현)라고 한다면 상대를 대하는 태도, 위급상황이나 살면서 아주 중요한 것을 결정할 때 하는 행동 등이 함께 생활한 사람들과 정말 많이 닮게 된다.

엄마와 생활을 가장 많이 하는 아이를 예로 들어보자. 집에서 엄마가 책을 자주 읽는 모습을 보고 자란 아이는 자연스럽게 집에 있는 다양한 책들을 보며 놀고, 엄마가 활발하고 바깥에서 운동이나 산책을 좋아하고 자주 한다면 자연스럽게 따라 나가 놀며 비슷한 성향으로 변하기 마련이다. 반면 엄마가 늘 우울하고 피해 의식이 강하면 아이들 또한 비슷한 성향을 띤다.

나의 어렸을 때 엄마를 기억해보면 늘 밖에서 일하시는 모습만 제일 많이 생각난다. 그래서 그런가, 어느 때 내 모습을 보면 일중독 같다. 사실 엄마는 손재주가 아주 좋으셨다. 우리들의 옷도 손수 만들어주셨는데 잠자는 시간을 줄여 털실로 옷을 짜주셨고 비가 오거나 날씨가 궂어 바깥일이 어려운 날이면 집안에서 재봉틀로 무언가를 만드셨다. 작은 옷들은 늘여주고 방석, 쿠션 등 집안을 꾸미는 생활 소품들을 손수 만드셨다.

엄마가 집에서 재봉틀을 하는 날은 주로 비가 오는 궂은 날씨였는데 그런 날이면 엄마가 재봉틀 아래로 버린 작은 천 조각을 가지고 놀았다. 그래서 그런지 나도 비가 오는 날엔 재봉틀로 옷을 만들기를 좋아한다.

그리고 엄마는 식물을 정말 잘 기르시고 좋아하시는데 나 또한 식물과 나무, 꽃도 좋아하고 잘 키우는 편이다.

어린 시절 낮에는 할머니와 주로 생활을 했다. 자연스럽게 할머니와 함께 있는 시간이 많았고 그래서인지 나는 할머니의 성향도 많이 닮았다. 음식이나 김치 만들기를 좋아하는 것, 비 오는 날

부침개를 잘 만들어 먹는 것은 딱 할머니의 생활 모습이다.

비가 오는 날에는 계절에 따라 부침개에 들어가는 재료들이 달라졌는데 나는 테두리가 바삭하게 부쳐진 김치부침개를 좋아했다. 요즘도 길을 걷다가 어딘지 모르는 곳에서 부침개 부치는 냄새가 나면 할머니가 생각난다.

그리고 신기하게 아들도 그것을 닮았다. 비가 오는 날엔 김치부침개를 만들어달라고 하는 걸 보면 말이다. 그리고 지금 나의 직업, 천연염색과 바느질하는 일, 식물 기르기 등은 엄마가 내게 보여준 모습이다.

엄마는 늘 나에게 아빠하고 똑같다고 하시는데 나도 부인하지는 못한다. 외모, 성격은 딱 아버지다. 그리고 아이의 모습을 바라보고 있으면 나를 볼 수 있다. 이것이 어쩌면 잘 살아야 하는 이유이기도 할 것이다. 나이 들어 자기 몫을 잘하고 사는 자식의 모습을 바라보면 흐뭇할 테니까 말이다.

아들의 이야기

1. 가족에게 배운다는 것

이 글을 적는 지금은 2022년 8월 28일이다. 처서가 막 지나더니 언제 더위가 있었냐는 듯 안성 시골엔 아침부터 시원한 바람이 솔솔 불고 있다. 저번에는 오지 못해 공방에서 혼자 글을 적었지만, 지금은 장독이 묻혀 있는 시골집 뒷마당에서 장작을 잔뜩 넣고 불을 세게 피운 화덕 앞에서 이 글을 적고 있다.

나보다 열 살은 가볍게 더 먹었을 솥 안에서는 큼직한 토종닭 한 마리가 팔팔 끓고 있다. 한 시간쯤만 더 끓이면 아주 먹음직한 삼계탕이 나올 테다.

오늘은 밥 대신 닭살을 바르고 소면을 삶아 닭칼국수처럼 만들어서 먹을 예정이다. 온종일 밭일에 요리에 고단할 엄마와 할머니, 입맛이 없다며 자꾸 수저를 내려놓으시는 할아버지가 맛나게 한 끼를 드시고 기운만 차리신다면 그것으로 충분하다.

그 수고를 들여가며 재료비를 써가며 굳이 해 먹어야 하냐고, 요즘에는 사 먹는 것도 충분히 건강하게 만들고 맛은 더 좋다고. 물론 맞는 말이기도 하다.

가끔 집에서 해 먹는 메뉴들(특히 재료 값이 많이 드는 특식 느낌의 음식들)을 보면 사 먹는 게 나을 수도 있겠다는 생각이 들 때도 있다.

그러나 이건 내가 이러한 환경에서 자라며 배운 것이 그런 생각보다 더 크게 작용하기 때문에 '시간을 들이고' '재료비를 써가며' 사는 것이다. 가족들과 함께 주방에서 복닥거리며 무언가를 만드는 과정이 재미있다.

팔팔 끓는 국물 간을 보고 짜네, 맵네, 뭘 더 넣어야 하네 옥신각신하는 것. 그렇게 만들어서 먹으며 집이라는 편안한 공간에서 이야기를 나누는 것이 즐겁다.

오래전에도 화덕에 솥단지를 걸고 삼계탕이라든지 솥뚜껑 구이라든지 불을 세게 피워야 맛있는 음식들을 해 먹곤 했다. 삼계탕을 먹는 날은 진한 국물에 닭고기를 정신없이 먹었고, 삼겹살을 굽는 날은 아예 불 앞에 붙어 앉아 동생들과 허겁지겁 먹기 바빴다. 삼촌들이 캠핑을 다니기 시작하면서는 마당 수돗가 근처에서 불을 피우고 모여 앉아 먹었다.

할머니가, 엄마가, 삼촌이 불을 놓으며 가족들의 맛있는 한 끼 식사를 위해 진땀을 흘리던 곳에서 이젠 내가 똑같이 그러고 있다.

요리를 하던 사람들 전부 요리를 전문적으로 배운 것은 아니지만, 집에서 이것저것 만들어 먹는 것을 좋아한다. 특별한 날에는 나가서 사 먹기보단 집에서 양념해둔 고기를 요리해 술을 한잔한다. 그 과정과 가족들끼리의 대화가 음식보다 더 좋을 때가 있다. '가풍'이라는 말이 있지 않은가. 나는 이 말을 100% 신뢰한다.

내가 이십칠 년 동안 외가를 보면서 느낀 것은 두 가지다. 어떤 급한 일이든 가족이 먼저라는 것. 그리고 가장 가까운 사이인 가족들, 특히 어른들이 그런 모습을 보여야 아이들이 보고 배운다는 것. 따로 떨어져 살아도, 어느 날은 지지고 볶고 싸워도 결국 함께 마주 앉아 밥을 먹고 이야기를 나눈다.

나만 이런 생각으로 산다면 이런 모습은 절대 나오지 않을 것이다. 다수가 그런 생각으로 살며 자연스럽게 그것을 몸으로 보여주고 있으니 유지되고 있지 않을까.

물론 변하는 것도 있다. 시간이 지나면서 나는 스물일곱이 되었고, 사촌 형들은 벌써 30대 초중반이 되었다. 중고등학생이 된 사촌 동생들은 어른들이 없으면 "존댓말을 해야 하냐, 아니면 해오던 것처럼 반말을 해야 하냐"라고 진지하게 물어보기도 한다.

하고 싶은 일에 대해, 그리고 대학을 어떻게 가야 할지 등등을 물어오는 모습에서는 제법 진중함이 느껴지기도 한다. 뒷산을 하루 종일 쏘다니며 온갖 것을 가지고 놀다 혼나던 때, 사촌 형 집에 가서 플레이스테이션 2를 가지고 몇 시간을 놀던 때가 벌써 14년 전이 훨씬 넘었다. 그런데도 사촌 동생들이 가끔은 14년 전 내 몸을 타고 놀던 꼬맹이라고 보일 때가 있다. 아직 삼십도 되지 않은 내가 그러니 40~50대의 시선에서는 어떻겠는가.

여전히 꼬맹이처럼 보이는데 머리 좀 굵어졌다고 말도 안 듣고, 자기가 하고 싶다고 얼토당토 않는 것을 들이밀고 하니 얼마나 어이가 없고 화가 나겠는가. 책도 안 읽고 맨날 유튜브니 넷플릭스니 스마트폰만 보고 있으면서 학교 공부는 하는 둥 마는 둥 하면서 그런 말을 한다고 생각하실 수도 있다.

이 말에 공감하시는 부모님들께 쓴소리를 한번 하자. 2021년 기준 문체부에서 발표한 '국민독서실태조사'를 보면, 성인 기준 전자책과 오디오북을 포함해 연 4.5권을 읽었다. 지난 조사보다 3권이 줄어든 수치이다.

'연간종합독서율'은 더하다. 1년간 전자책, 오디오북을 포함 한 권이라도 읽거나 들은 사람은 47.5%다. 다르게 말하면 52.5%는 한 권도 읽거나 들은 적이 없다는 이야기다.

책을 읽든, 음악을 듣든, 어떤 것이든 보고 배운 것은 무시할 수 없다. 아이는 무엇이든 가정에서 제일 처음 배울 수밖에 없다. 사회는 그다음이다.

학교 역시 사회이며, 그 안에서 형성되는 것 역시 가정에서 배웠던 것을 기초로 형성된다. 부모님들은 책을 읽으라고 말하면서 책을 읽은 적이 있는지, 스마트폰 좀 그만하라면서 정작 TV를 틀어놓고 있지는 않았는지 진지하게 생각해보시라.

어머니도 말했듯 부모는 자식의 거울이라는 말이 있다. 나는 아직도 서점에만 가면 사족을 못 쓴다. 만약 예를 들어 날을 잡고 서점에 가면 둘이 합쳐 거의 10만 원어치는 책을 산다. 둘이 고르는 장르는 아예 다르다. 어머니는 역사 분야나 에세이를 주로 사신다. 최근에는 심리상담과 관련된 책들을 주로 사셨다. 나는 신간 소설이나 수상작, 추리소설 구상에 필요한 범죄심리학 책들을 주로 고른다.

서로 완전 다른 장르지만 다 보고 나면 바꿔 본다. 그리고 술을 한잔 마시는 날이면 몇 시간이고 몰아서 책에 대해 이야기를 나눈다.

어렸을 적 아파트에 살았을 때를 생각해보면 특이한 점이 하나 있었다. TV는 안방에 있었고 거실에는 책장이 있었다. 탁자와 소파, 협탁에도 책이 있었다. 방 세 개 중 하나는 거실에 놓지 못하는 책을 꽂아둔 서재였다.

집에 가장 먼저 들어오면 보이는 것은 책이었고, 나는 서점을 숫제 자기 집처럼 들쑤시고 다니면서 보았으니 자연스럽게 책을 잡았다. 어머니는 그 옆에서 자기 일을 하거나, 같이 책을 보았다. 이게 우리의 일상이었다.

이것이 꼭 옳다는 것은 아니다. 그러나 나는 그런 기억들 속에서 자연스럽게 독서 습관을 키웠고, 그 습관이 지금까지도 이어지고 있다.

어머니와 함께 백화점에 간다거나 하면 지금도 서점으로 먼저 간다. 둘의 관심사가 확연히 다르니 가는 코너도 다르다. 읽고 싶은 책의 위치까지만 같이 찾고 각자 떨어져서 책을 찾아서 읽는다. 사고 싶은 책을 골라서야 만나서 살지 말지 의논을 한다. 대부분 서로가 꽂힌 분야의 책이니 그 자리까지 가지고 온 책들은 어지간하면 전부 산다. 관심사가 달라서 그런지 서로 쓴소리를 할 때도 있지만, 각자의 취향이 다른 것이니 이해하고 넘어간다.

가장 최근에 함께 읽었던 책은 심너울 작가의 『오늘은 또 무슨 헛소리를 써볼까』(위즈덤하우스)인데, 각자가 바라보는 MZ세대에 대해 토론 아닌 토론을 벌였다. 나는 사람이 술에 취하면 철학적이 된다는 말을 믿는다. 둘이 취해서 나온 토론 주제는 아주 거창했다.

'MZ세대의 5년 이내 퇴사율이 높은 이유는 무엇인가?'

X세대의 대변자인 어머니는 '싫으면 하지 마라, 네가 제일이다'라고 가르치는 교육의 문제 때문에 발생한, 사람과 사람 간의 문제로 퇴사가 잦다는 의견이었다.

졸지에 MZ세대 대변자가 된 나는 불합리한 문화를 강요하고 제대로 된 인수인계를 찾아보기 힘든 상황에서 빠르게 성과를 내기 원하는 사회적 구조로 인해 발생하는, 사람과 사람 간의 문제가 가장 크다는 의견이었다.

술자리에서 나오는 토론이 으레 그렇듯, 생각보다 진지하게 흘러가던 이야기는 X세대의 대변자와 MZ세대의 대변자가 목이 말라 술만 마셔 금방 취한 관계로 흐지부지 끝이 났다.

영화나 드라마도 그렇다. 케이블 채널에서 드라마를 몇 화씩 몰아서 방영하는 걸 맥주 한잔 마시면서 보고 몇 시간 동안 이야기를 나누곤 한다. 아마 책을 좋아하거나 시, 소설을 쓰는 취미가 생긴 것도 이런 환경에서 닮아가며 길러진 취미일 수도 있다는 생각이다.

각자 좋아하는 것도 변한다. 닮아간다는 말이 더 적합하겠다.

나는 원래 말랑말랑한 분위기의 로맨스 드라마나 영화, 소설이나 시는 일절 보지를 못했다. 보면 알 수 있다고, 얼마나 재미있고 좋은데 그걸 안 보냐고 주변에서 성화를 내기도 했다.

보다 보면 드는 간질간질한 그 느낌. 어쩔 줄 몰라서 동동거리며 실수를 연발하는 주인공들의 모습이 나오면 내가 더 민망하고 못 보겠어서 결국 채널을 돌리거나 책을 덮곤 했다. 그런데 그런 것도 스물일곱이 되니 변했다.

'중경삼림', '화양연화', '무간도', '신세계', '내부자들', '디파티드' 같은 영화만 보던 내 넷플릭스 시청 중 콘텐츠에 '사랑의 불시착', '우리들의 블루스', '호텔 델루나'가 자리 잡았다. 정말 누구 말처럼 '보다 보면 느끼는 재미'를 느껴버리고 말았다. 손발이 오그라드는 대사에도 이제는 손이 채널을 돌리지 않고 팝콘을 찾는다.

몇 시간을 몰아서 보며 아직 업데이트가 안 되었나 찾아보고 기다리다 뜨는 걸 바로 보기도 한다. 원래는 보지도 않던 한국 로맨스 드라마 이야기를 하는 나를 친구들은 '저놈이 드디어 미쳤구나' 하는 표정으로 본다. 어쩔 수 없다. 나는 이미 재미를 느껴버렸다.

어머니도 어느 부분에선 나를 닮아간다. 나와는 정반대로 영화나 드라마 안에서 누가 누굴 때려 피가 나거나, 죽거나 하면 바로 채널을 돌리곤 하셨다. 내가 그런 걸 못 보고 옆에서 오글거려 죽으려고 하면 나를 놀리곤 했다.

그런데 이제는 나와 같이 '범죄도시' 영화를 보러 다닌다. 물론 내가 아직 로맨스 대사에 손발이 오글거리는 것처럼 영화의 절반은 눈을 가리고 보신다. 그래도 이제 보기는 보신다. 그게 어딘가. 정말 엄청난 발전이다.

일하는 스타일에 있어서는 또 어떤가. 생각한 시간 안에 오늘 할 일이 다 끝나지 않으면 성질이 난다. 기한이 급한 일이 늦어지면 취소하거나 다음에 하는 법은 없다. 밤을 새서라도 꼭 끝내고 자야 한다. 해야 할 일이 순서가 없이 뒤죽박죽되어 있으면 그것만큼 짜증나는 일도 없다.

무엇이 일자가 급한지, 더 중요한 것은 무엇인지 구분도 되어 있지 않고 섞여 있으면 순서 정리부터 하고 일을 시작해야 직성이 풀린다. 가끔은 어느 정도 정리를 해둔 것 같은데 맘에 들지 않을 때가 있다. 그러면 리스트를 새로 만들어서 정리를 해야 일을 하면서 스트레스를 덜 받는다. 내 생각에도 이 정도면 병이지 싶을 정도로 이런 것에 민감하다.

그런 것마저 닮았고, 더 닮아가고 있다. 심지어 예술을 하고자 다른 일들을 함께 하는 것도 그렇고, 그런 분야에서 재미를 느끼며 다양한 분야를 하는 것도 그렇다. 그러니 아무리 싸워도 함께 사업을 진행하고, 마주 앉아 이렇게 글까지 적고 있지 않을까.

좋은 것만 닮으면 좋겠지만 나쁜 것도 참 많이, 빨리 닮는다. 아버지에게선 술, 담배 습관이 나도 모르는 사이 옮았다.

한번 술을 마시면 취기가 가득할 때까지 마시고 다음 날이면 화장실에서 살다시피 한다. 스트레스를 계속, 자주 받는 기간이면 술과 담배를 달고 산다. 사람을 만나도 술, 혼자 있어도 술이다. 물론 스트레스가 덜해지면 일시적으로 끊거나 장기간 횟수와 양을 줄인다. 나는 위나 장이 원래 좋지 않은데, 건강에 너무 좋지 않은 습관이라 계속 참고 고쳐가려고 노력하는 중이다.

어머니에게선 아파도 병원 잘 안 가고 약 먹고 버티는 게 옮았다. 병원 한 번 다녀와서 깨끗하게 나으면 될 것을, 죽을 것같이 아픈 게 아니면 아예 병원 근처도 안 간다. 할아버지와 할머니가 그런 것을 어머니가 나무라면서도, 그러다 싸우기도 하면서도 본인도 그런다. 그런데 그런 점을 항상 뭐라고 하는 나도 어느새 그러고 있다.

얼마나 무서운 일인가. 나는 절대 닮지 않겠다, 징글징글하다 노래를 부르는데 어느새 닮아 있다.

2. 잊을 수 없는 2012년의 여름날

2011년에 개봉한, 잊을 수 없는 영화가 하나 있다. 우디 앨런 감독의 '미드나잇 인 파리'라는 판타지 로맨스 영화인데, 이 영화와 관련된 이야기에도 우리의 생활 습관이 스며들어 있다.

한창 어머니가 대학원 관련 일로 서울에 자주 다니셨을 때다. 어차피 서울도 가야 하는데 이삼 일은 있어야 하니, 이참에 북촌 한옥마을에 숙소를 잡고 좀 느긋하게 쉬다 오자는 어머니의 제안에 바로 컴퓨터를 켰다.

둘이 온라인으로 숙소를 처음 예약한 그때, 여행가방을 끌고 좁은 골목을 몇 개씩 지나 한옥 게스트하우스에 들어선 그때. 2012년 서울의 여름날 이야기다.

땀을 훔치며 들어선 한옥의 첫인상을 아직도 잊지 못한다. ㅁ자로 생긴 한옥의 자그마한 앞마당과 그 마당을 둘러싼 화분들. 가운데 있는 자그만 마당에는 햇볕이 쏟아지고 있었다. 주인 할머니는 그 햇볕을 온몸으로 받아들이고 있는 화분에 물을 주고, 할아버지는 그 뒤에서 붓글씨를 쓰고 있었다. 마치 누군가의 삶에 침입한 듯한 야릇함에 게스트하우스가 맞느냐고 물었다. 노부부는 언제 만났던 사람인 양 우리를 정말 친근하게 반겨주며 방을 안내해줬다.

안내받은 방은 본채 맞은편에 있었다. 예전에는 별채로 쓰지 않았을까 하는 느낌이었는데, 딱 두세 사람 정도가 누우면 알맞을 만한 크기의 작은 방이었다. 특유의 분위기는 살렸지만, 벽이나 바닥은 도배한 지 얼마 지나지 않았는지 옅은 풀 냄새도 났다. 별실 전용 화장실 겸 욕실도 붙어 있어서 첫 여행의 설렘을 뒷받침하기에도 딱 좋았다.

짐을 풀고 여기저기 전통공예 가게들과 장인의 공방을 돌아다녔다. 여행 목적으로 오기도 했으니 정말 멀리 가는 것 아니면 지하철이나 버스를 타지 않고 걸어다녔다. 가게와 가게, 공방을 잇는 길들에는 도서관이나 예쁜 길들이 천지였다.

정말 하염없이 걸었지만 하염없이 즐거웠던 때였다. 쨍쨍 내리쬐는 햇볕에 죽 늘어서서 빛을 내는 푸른색 기와들이 어찌나 예쁘던지. 골목길을 쭉 따라가다가 남의 집 대문으로 들어갈 뻔한 적도 몇 번 있었다. 그것마저 즐거웠다.

그때 나는 IBM X31이라는 2002년식 노트북을 하나 가지고 갔다. 2010년 즈음 14만 원 정도 주고 중고로 샀던 구식 노트북이었는데, 한창 글 쓰는 것에 맛을 들였을 때라 어디를 가든 가지고 다녔다.

영화를 모으던 것도 그때부터였으니 하드디스크에는 영화가 서른 편 정도 있었다. 수많은 느와르 영화 중 유일하게 어머니와 볼 만한 영화가 바로 '미드나잇 인 파리'였다.

그때는 미성년이라 술을 먹을 수 없으니 과자 두어 봉을 뜯어 놓고 먹으면서 영화를 봤다. 12인치짜리 정사각형 액정에서 흘러나오는 이야기를 보고 우리는 잠자리에 누워 오래도록 이야기를 나누었다.

그들은 영화가 끝나도 그 안에서 살아갈 텐데, 그러면 어떻게 살아갈까. 남자 주인공은 나중에도 과거를 그리워할까. 아니라면 결말에서 그랬듯 나 역시 누군가의 과거임을 인정하고 살아갈까. 수없이 많은 상상과 상상을 연결하는 질문들 속에서 잠이 들었다.

이 이야기 전까지 우리는 변변하게 가족 여행을 다녀본 적이 없었다. 천연염색이나 바느질처럼 체험 위주의 일이다 보니 여름, 가을 휴가철 행사장 같은 일거리를 놓칠 수 없었고 한창 바쁜 시간에는 손이 모자라니 나도 가서 일을 도왔다.

그러다 보면 겨울이 되었고, 그때는 다른 일거리를 찾아서 뛰었다. 자는 것이 쉬는 것이었고, 눈을 뜨면 항상 일했던 모습이 우리의 삶이었다.

그러나 우리는 항상 대화했다. 언제나 그랬던 것처럼 서로 말하고 싸우고 화해하고 그렇게 살았다. 무얼 하든 상대방과 논의해야 했다. 우리는 완벽한 사람이 아니고 언제든지 틀릴 수 있기에. 틀렸지만 그 의견을 고집해 다른 사람을 고통스럽게 만들 수 있다는 것을 충분히 알기에. 틀리는 것에는 나이가 존재하지 않기에.

3. 이 글을 적는 지금, 우리

지금 이 문장을 적고 있는 2022년 6월 17일 금요일 오후 8시 12분, 바깥에선 미지근하니 습기가 가득한 밤바람이 분다. 가게 앞을 지나가는 사람들의 삼 분의 일에게는 술기운이 가득하다. 비틀거리는 걸음으로 2차를 가는지 어쩌는지 신나게 떠들며 어딘가로 걸어간다.

이따금 지나가는 배달 오토바이들과 차들은 어딜 그리 바삐 가는지 골목길에서 경적을 울리고 속력을 내고 난리들이다. 여느 때와 다르지 않은 금요일 밤, 성정2동 우리 가게 앞의 풍경이다.

바깥에서 그러거나 말거나 우리는 불을 환하게 밝히고 마주 앉아 일을 하고 있다. 어머니는 라디오 음악을 들으며 주문받은 옷을 만들고 계시고, 나는 흰색 헤드폰을 쓰고 10시간짜리 재즈 플레이리스트를 들으며 이 글을 적고 있다. 아침에는 내 개인사업자

서류를, 점심 먹고 나서는 어머니와 함께 진행하는 신규 사업 서류를 처리했다.

저녁으로 국밥을 먹고 앉아서 또 다른 일을 하고 있는 것이다. 오늘 일을 만족할 만큼 끝내고 나면 열 시가 넘을 듯하다. 평소 우리의 시간과 풍경은 이렇다. 가족이란 것이 참, 그럴 수밖에 없다는 생각이다. 즐기는 문화, 좋아하는 일, 생활에서 나오는 온갖 사사로운 모습들이 우리도 모르는 사이 옮는다.

이 삶이 완벽하다고는 절대 생각하지 않는다. 워라밸이라고는 눈곱만큼도 찾아볼 수 없는데다 누가 월급을 주지도, 야근 수당을 챙겨주지도 않는다. 다른 사람이 보면 미련하다고 보일 만큼 우리의 템포로 우리만의 이야기를, 길을 만들어간다.

마침 적다가 좋아하는 노래가 나와서 한 줄 더 적는다. '유재석'이라는 노래인데, '고등래퍼2'에 나왔던 빈첸이라는 래퍼가 만든 노래다. 나는 이 노래의 가사 중 이 한 줄을 참 좋아한다.

"우리 눈에 완벽하게만 보이는 그대도 결함과 고민이 존재하고 불완전한가요."

수많은 세상 사람들 속에 완벽한 이가 어디 있는가. 완전하고 완벽한 관계 속에서 살아가고 있는 사람이 있기는 한가. 동경과 존경의 대상이 되는 사람이 집에서는 어떤 모습인지, 속으론 어떤 생각을 하는지 우리는 결코 알 수 없다.

사람은 불완전하다. 엄마도 아빠도 자식도 오늘은 처음 살아보는 것이다. 내가 해결할 수 없는 어떤 결함과 고민이 있다면 이야기하자. 자신의 깊은 고민거리를 이야기하는 것이 부끄럽지 않은, 어색하지 않은 환경을 만들자. 그것만 조성해도 성공이다. 대화는 자연스럽게 따라온다.